Hallo,

... Servus und Grüezi! Wer um den Bodensee fährt, passiert drei Länder: Deutschland, Österreich und die Schweiz. Aus jeder Perspektive zeigt sich der See anders. Ich nähere mich ihm am liebsten von Norden her. Über schmale Landstraßen geht es vorbei an Heiligenberg und Salem, bis man bei Uhldingen ans Ufer stößt. An klaren Tagen empfängt einen ein grandioser Blick über das Wasser hinweg auf das Südufer und die Alpen. Am besten genießen Sie ihn von der Terrasse vor der barocken Basilika Birnau oder vom Schloss in Meersburg! Andere wunderbare Aussichten, unsere favorisierten See-Blicke, stellen wir Ihnen auf S. 54 vor – und auf S. 43 können Sie sich unter der Rubrik „Ja natürlich" sogar zum Schwitzbad mit Seeblick inspirieren lassen!

MEDITERRANES MEER

Der Berliner Fotograf Johann Scheibner war von der Freundlichkeit der Leute am Bodensee beeindruckt und vom mediterranen Flair. Und tatsächlich: Kaum eine Uferpromenade, an der nicht Palmen wachsen, und das nicht nur im Sommer! Meist überstehen sie die milden Bodenseewinter gut. Winter ist die Zeit, in der hier nicht so viel los ist, in der man in Ruhe die kulturellen Highlights rund um den See besichtigen kann: das Kunsthaus Bregenz, das Kunstmuseum Liechtenstein, das Forum Würth in Rorschach.

ENTSPANNT AUF DEM WASSER

Die Autorin dieses Bildatlas, Cornelia Tomaschko, nimmt am Bodensee am liebsten die Fähre, um von einem Ort zum anderen zu kommen – keine Staus, keine Parkplatzsuche und immer frische Luft um die Nase. Besonders schön findet sie die Fahrt auf dem Bodensee am Ende eines Urlaubs, wenn die Fähre nochmals viele der Orte ansteuert, die sie besucht hat, und schöne Erinnerungen wach werden. Herzlich

Ihre

Birgit Borowski

Birgit Borowski
Programmleiterin DuMont Bildatlas

> »DIE LANDSCHAFT IST LICHT UND HÜBSCH. SIE SOLLTEN EINMAL KOMMEN.«
> Hermann Hesse

Auf der Meersburg residierten Konstanzer Bischöfe. Sie wussten, was gut ist – von hier bietet sich einer der schönsten Blicke auf den Bodensee und die Alpen in der Ferne. Später lebte die Dichterin Annette von Droste-Hülshoff hier.

Während der Fährfahrt von Bregenz zur Insel Mainau genießt Cornelia Tomaschko den Blick aufs Wasser. Die Autorin wohnt in Ettlingen – nur gut zwei Stunden Fahrtzeit trennen sie vom Bodensee. Da lohnen sich Kurzurlaube immer wieder.

76
Der St. Galler Stiftsbezirk hat eine 1200-jährige Geschichte. Heute dienen die klösterlichen Mauern im Sommer auch als Opernkulisse.

27

36

Von 1414 bis 1418 war Konstanz der Nabel der (kirchlichen) Welt: Auf dem Konstanzer Konzil wurde u.a. auch ein Papst gewählt.

Die Gärtner auf der Blumeninsel Mainau haben das ganze Jahr über gut zu tun.

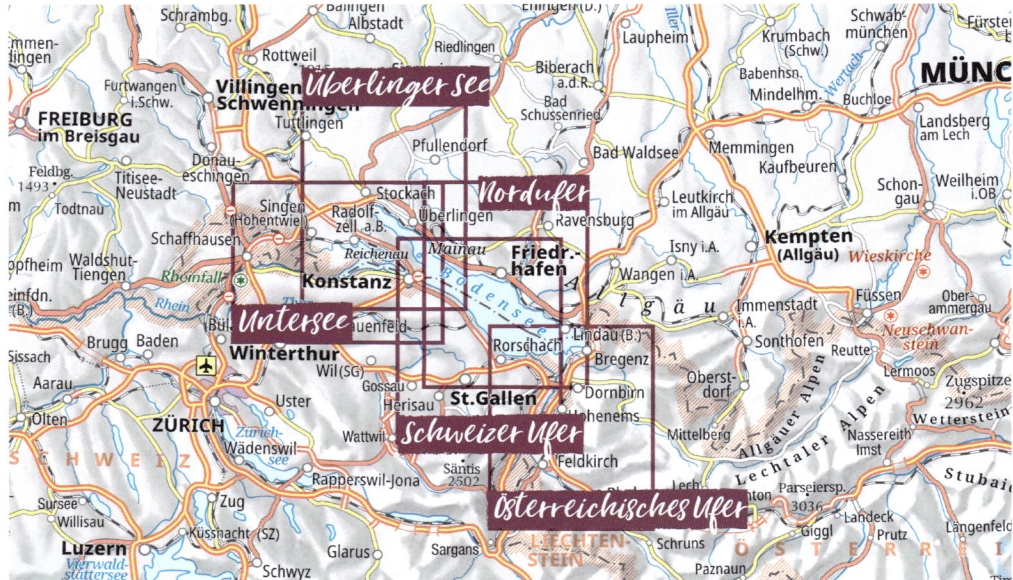

Impressionen

8 Bodensee-Bilderbogen mit Burgblick und Uferpromenade in Meersburg, Zeppelinflug über Lindau, Wanderweg in den See hinaus bei Bregenz, großer Oper in St. Gallen, Bergfreuden auf dem Säntis und Sennerleben in Appenzell

Überlinger See

24 **KULTUR- UND NATURSCHÄTZE**
Manchmal wird es voll am Überlinger See – kein Wunder bei der Fülle an Attraktionen. Man kann aber auch ruhigere Zeiten wählen. Die Insel Mainau beispielsweise öffnet bereits bei Sonnenaufgang. Hier sind Frühaufsteher klar im Vorteil.

ZUR SACHE
36 **GUT ZU TUN, AUCH WENN NICHTS BLÜHT**
Von März bis Oktober geht das Blumenjahr auf der Mainau – die Gärtner haben auch sonst gut zu tun.

40 **STRASSENKARTE | INFOS | JA NATÜRLICH**

Nordufer

44 **DAS TOR ZUR WEITEN WELT**
Vom Nordufer geht Hopfen bis nach Übersee. Hier wird Hightech für den Fahrzeugbau und die Raumfahrt entwickelt. Kaum zu glauben, wenn man als Urlauber auf der Uferpromenade flaniert.

56 **STRASSENKARTE | INFOS | JA NATÜRLICH**

Österreichisches Ufer

60 **EIN STÜCK ÖSTERREICH**
Als Schaufenster Österreichs liegt Bregenz am östlichen Ufer des Bodensees, direkt neben dem Rheindelta. Talaufwärts ist es nicht weit nach Liechtenstein.

70 **STRASSENKARTE | INFOS | JA NATÜRLICH**

Schweizer Ufer

76 **REISE NACH MOSTINDIEN**
Die Thurgauer nehmen es mit Humor, dass die anderen Schweizer ihren Kanton so nennen.

ZUR SACHE
86 **GEHEIMNISVOLLER APPENZELLER**
Wo es Kühe gibt, gibt es auch Milch, und wo es Milch gibt, gibt es Käse – jedenfalls in der Schweiz.

90 **STRASSENKARTE | INFOS | JA NATÜRLICH**

Untersee

94 **GEISTLICHKEIT UND GEMÜSE**
Hinter der Universitätsstadt Konstanz ist die Gestalt des Bodensees so ursprünglich wie an keiner anderen Stelle. Als letzter Paukenschlag folgt dann der Rheinfall bei Schaffhausen.

ZUR SACHE
108 **GLAUBE, GEIST UND MACHT**
Ab dem Mittelalter prägten Mönche und Nonnen das wirtschaftliche und geistige Leben am Bodensee.

110 **STRASSENKARTE | INFOS | JA NATÜRLICH**

Anhang

116 **HILFREICH & NÜTZLICH**
122 **REGISTER, IMPRESSUM**
124 **URLAUB ERINNERN**
126 **LIEFERBARE AUSGABEN**

Unsere Favoriten

Die besten See-Feste
Am Bodensee wird rund ums Jahr gefeiert; und die Gäste feiern mit.

Die schönsten See-Blicke
Ob von der Schlossterrasse oder einem Berg: Der Blick auf den See fasziniert.

Die feinsten See-Weine
Der See wärmt die Rebhänge. Trauben und Wein profitieren davon.

Das Beste erleben

Berührend, aufregend und spannend ...
sind unsere Ideen, die wir für Ihren Aufenthalt
am Bodensee zusammengetragen haben.

Grüne Wunder

* 1 *
INSEL MAINAU

Von März bis Oktober zeigt die
Blumeninsel ihre ganze Blütenpracht.
Seite 42

* 2 *
PFÄNDER

Der Bregenzer Hausberg belohnt
den Aufstieg (oder die Bergfahrt)
mit einem herrlichen Bodenseepanorama.
Seite 74

* 3 *
RAPPENLOCHSCHLUCHT

Auf gesicherten Steigen geht es
an Wasserfällen und Strudeltöpfen vorbei.
Seite 74

Große Erlebnisse

* 4 *
BREGENZER FESTSPIELE

Selbst ohne Sommerabend mit
großer Oper lohnen die Bühnenbild-
inszenierungen einen Besuch.
Seite 73

* 5 *
RHEINFALL

Die bei Schaffhausen herabdonnernden
Wassermassen haben noch jeden Besucher
in ihren Bann gezogen.
Seite 112

Fantastische Orte

* 6 *

WALLFAHRTSKIRCHE BIRNAU

Die Kloster- und Pfarrkirche
Zur lieblichen Mutter von Birnau
zeigt eindrucksvoll den Überschwang
barocker Gestaltung.
Seite 42

* 7 *

PFAHLBAUTEN UNTERUHLDINGEN

Als UNESCO-Welterbestätte geben
die Pfahlbauten Einblicke in beispielhafte
Lebenswelten der Stein- und Bronzezeit.
Seite 43

* 8 *

KUNSTHAUS BREGENZ

Das Gebäude, das für sich
schon ein Kunstwerk ist, bietet viel Raum
für zeitgenössische Kunst.
Seite 73

* 9 *

KLOSTERBIBLIOTHEK ST. GALLEN

Die im 18. Jahrhundert errichtete
Stiftsbibliothek hütet eine der wichtigsten
Handschriftensammlungen der Welt.
Seite 92

* 10 *

KLOSTERINSEL REICHENAU

Auf der „Gemüseinsel" im Untersee sind
gleich drei romanische Kirchen zu finden –
allesamt UNESCO-Welterbestätten.
Seite 112

* 11 *

STEIN AM RHEIN

Die Häuser am berühmten
Rathausplatz beeindrucken
mit ihrer reichen Fassadenmalerei.
Seite 112

WAHRZEICHEN EINER REGION

„Ich steh' auf hohem Balkone am Turm …", dichtete Annette von Droste-Hülshoff, die von 1841 bis zu ihrem Tod 1848 auf der Meersburg lebte. Von April bis November können Besucher es der Dichterin nachtun und den Turm der Burg bei einer Führung besteigen. Der Ausblick ist einzigartig. Im Burgmuseum taucht man ins Mittelalter ein – mit Rittersaal, Burgverlies und Folterkammer. Aber auch das Arbeits- und Sterbezimmer der „Droste" gehört zum Rundgang.

TOURISMUS MIT TRADITION

Meersburg ist eine der schönsten Städte am See. Nicht nur die Uferpromenade lohnt den Besuch – die gesamte Stadtanlage ist sehenswert. Von hier geht es per Schiff zur Insel Mainau oder ans gegenüberliegende Ufer nach Konstanz. Schon der württembergische König und der badische Großherzog schätzten den Bodensee als Urlaubsgebiet. 1824 legte das erste Dampfschiff ab und brachte die Ufer einander näher.

WIRTSCHAFTLICHE HÖHENFLÜGE

Aus dem Zeppelin genießt man atemberaubende Ausblicke auf den See, die Berge und Städte wie Lindau.
Seit 2001 hebt das Luftschiff der neuen Generation
fast täglich mit Passagieren in Friedrichshafen ab. Die
Luft- und Raumfahrtindustrie ist bis heute ein bedeutender Arbeitgeber am Bodensee, was den meisten
Urlaubern, die auf einer der Uferpromenaden flanieren
und die Landschaft genießen, so nicht bewusst ist.

WANDERN IN DEN SEE HINEIN

Der Alpenrhein bringt nicht nur das meiste Wasser in den Bodensee ein, sondern auch jede Menge Sedimente und Geröll. Wenn man vom Pfänder auf den See blickt, fallen die beiden Schutzdämme in der Fußacher Bucht auf. Seit 1972 leiten sie den Rhein und seine Fracht weit in den See hinaus, um so die Verlandung zu verlangsamen. Touristischer Nebennutzen: Man kann auf den Dämmen kilometerweit in den See hineinwandern.

GROSSE KULISSEN FÜR HOHE KUNST

Oper, Ballett, Musical und Operette bestimmen den Festspielsommer am Bodensee, ob in St. Gallen vor der Klosterkirche oder in Bregenz auf der Seebühne. In Sachen Kultur hat der Bodenseeraum viele weitere Höhepunkte zu bieten. Moderne Kunst zeigen das Kunsthaus Bregenz und das Forum Würth in Rorschach. Zeugnisse vergangener Jahrhunderte sind in der Stiftsbibliothek St. Gallen, auf der Insel Reichenau und bei den Pfahlbauten in Unteruhldingen zu sehen.

DER BERG RUFT —
AUCH AM SEE

Wer hoch hinaus will, wie hier am Säntis, oder etwas niedriger auf den Pfänder bei Bregenz, hat die beste Sicht auf den See und die grandiose Bergwelt auf Seiten der Schweiz und Österreichs. Wer will, kann mit dem Gleitschirm wieder hinabschweben oder nimmt einfach die Bergbahn. Am See selbst dominiert der Wassersport – hier kann man (fast) alles ausprobieren, was mit Wasser zu tun hat. Oder man setzt sich aufs Fahrrad und umrundet das Schwäbische Meer.

VERWURZELT IN DER HEIMAT

Schellenklänge verkünden das Ende des Alpsommers im Appenzeller Land. Von Mitte September bis Mitte Oktober bringen die Senner nach und nach die Tiere zurück ins Tal und präsentieren sie stolz auf den Viehschauen. Die schönsten und leistungsstärksten Kühe werden prämiert, als Preis winkt ein Kranz aus Papierblumen. Am Abend treffen sich Bauern und Bäuerinnen zur Schaukritik mit anschließendem Tanzvergnügen. Wie hier im schweizerischen Gais pflegen die Menschen überall am See alte Traditionen.

Die besten See-Feste

MIT TRADITION UND FEUERWERK

Am Bodensee wird gefeiert, und das rund ums Jahr. Hohe kirchliche Feste, die es nur am See gibt, Feste mit Tradition und solche mit Feuerwerk, Vereinsfeste, Weinfeste, jahreszeitliche Feste – ein Anlass findet sich immer. Schön, wenn man als Gast einmal mitfeiern kann.

❶ Heilig-Blut-Fest Reichenau

Der höchste Feiertag auf der Insel Reichenau ist andernorts gar keiner. Am Montag nach dem Pfingstmontag feiern die Inselbewohner das Heilig-Blut-Fest. Im Jahr 925 ist das kleine vergoldete Silberkreuz auf die Reichenau gekommen. Nach der Überlieferung enthält es blutgetränkte Erde von Golgatha, Splitter vom Kreuz Christi und ein blutgetränktes seidenes Tuch. Seit 1738 wird zu Ehren der Reliquie ein Fest gefeiert mit Parade der Bürgerwehr, Pontifikalamt, Prozession, Musik und Bewirtung.

www.reichenau-tourismus.de

❷ Gräfliches Inselfest Mainau

Die Chancen stehen gut, beim gräflichen Inselfest den Gräfinnen und Grafen Bernadotte af Wisborg persönlich zu begegnen, ganz sicher bei den Hutmodenschauen von Gräfin Diana. Von Christi Himmelfahrt oder Fronleichnam bis zum darauffolgenden Sonntag ist auf der Mainau rund um das jeweilige Jahresmotto noch mehr zu sehen, zu hören, zu schmecken und zu erleben als sonst. Für Kinder gibt es ein eigenes Programm, und natürlich drehen sich ganz viele Programmpunkte um Blumen.

www.mainau.de

❸ Seehasenfest Friedrichshafen

In Friedrichshafen stand nach dem Zweiten Weltkrieg kaum noch ein Stein auf dem anderen. Um den Kindern der Stadt eine Freude zu machen, erfand man das Seehasenfest, das seit 1949 mit unverändertem Ablauf an fünf Tagen im Juli gefeiert wird. Am Donnerstag geht es mit dem Antrommeln los, freitags stehen Sport und Kunst im Mittelpunkt, samstags wird der Seehas eingeholt, sonntags zieht ein Festumzug durch die Stadt, und am Montag wird der Seehas wieder verabschiedet. Es ist eine Ehre für junge Männer, einmal im Leben Seehas zu sein.

www.seehasenfest.de

❹ Mooser Wasserprozession

Bis heute erfüllen die Mooser auf der Halbinsel Höri ein Gelübde, das ihre Vorfahren 1797 nach einer Viehseuche abgelegt haben. Am Montag nach dem dritten Juliwochenende machen sie sich in den frühen Morgenstunden in blumengeschmückten Ruderbooten auf den Weg nach Radolfzell, wo die Mooser Pilger feierlich zum Münster geleitet werden. Dort wird das Mooser Amt abgehalten, zugleich Höhepunkt der Radolfzeller Hausherrentage.

www.moos.de

5 Seenachtfest Konstanz

Bis zu 40 000 Menschen ziehen Mitte August an den Bodensee, um beim Konstanzer Seenachtfest mitzufeiern. Livemusik, Kleinkunst, Wasserskishows, vielfältige gastronomische Angebote – alles gut und schön. Aber das absolute Highlight startet um 22 Uhr mit einem Countdown: das gigantische Musikfeuerwerk, das auch vom schweizerischen Kreuzlingen aus gezündet wird. Wie lange das Fest in dieser Weise gefeiert werden kann, ist unklar, nachdem Konstanz 2019 den Klimanotstand ausgerufen hat.

www.konstanz-seenacht fest.de

6 Hafenfest Bregenz

Ende August sind die Schiffe, die im Bregenzer Hafen anlegen, übervoll. Tausende strömen zum Hafenfest, zu Kleinkunst und Kulinarik vor der Kulisse des gelben Postgebäudes, dem in seiner Fassadenfarbe changierenden Kunsthaus und den Betonblüten des Vorarlberg-Museums. Bevor dort mit Musik und Feuerwerk die Partynacht startet, sollte man den Sonnenuntergang auf den Stufen des „Molo" am Hafen genießen.

www.bregenz.travel

7 Weinfeste rund um den See

Einen hervorragenden Überblick über die Weingüter am See bekommt man beim Bodensee-Weinfest, das seit 1975 jeweils am zweiten September-Wochenende in Meersburg stattfindet. Am besten reist man mit Schiff, Bahn oder Bus an, um die Köstlichkeiten im Glas unbeschwert genießen zu können. Anfang August feiert man den Wein in Hagnau, wo der älteste Winzerverein Badens beheimatet ist. Wer die Weine am schweizerischen Ufer kennen lernen will, kommt im Juli in Ermatingen auf seine Kosten.

www.bodenseewein.org
www.weinregion-boden see.com

8 Büllefest Höri

Ein Fest zu Ehren der Zwiebel. Und die Bülle hat diese große Ehre auch verdient. Die Speisezwiebel mit der roten Haut ist eine einzigartige Spezialität, die nur auf der Halbinsel Höri angebaut wird. Wer sie verkosten will, sollte am ersten Sonntag im Oktober nach Moos kommen. Wer auf den Geschmack gekommen ist, kann sich einen traditionellen Büllezopf mitnehmen oder im Internet bei den Erzeugern bestellen.

www.höri-bülle.de

Überlinger See

*

KULTUR- UND NATURSCHÄTZE

*

An schönen Sommertagen kann es ganz schön voll werden rund um den Überlinger See. Kein Wunder bei der Fülle an kunsthistorischen und landschaftlichen Attraktionen. Da hilft nur eins: ruhigere Zeiten wählen. Die Insel Mainau beispielsweise öffnet bereits bei Sonnenaufgang. Manchmal lohnt es sich eben, etwas früher aufzustehen.

Seit 1922 gibt es das Pfahlbaumuseum in Unteruhldingen – hier das Bronzezeitdorf 2, das Einblicke ins Leben vor 3000 Jahren gewährt.

Die Gärten auf der Insel Mainau erfreuen Besucher
auch mit floralen Skulpturen.

Im Schmetterlingshaus auf der Mainau sorgen
rund 120 Falterarten für Tropenflair.

Der Deutsche Orden errichtete im 18. Jahrhundert das barocke Schloss samt Kirche,
heute Domizil der gräflichen Familie Bernadotte.

Im milden Bodenseeklima gedeihen die unterschiedlichsten Gehölze.

Die lange Metasequoia-Allee führt quer über die Insel zum Schloss und zur Schlosskirche.

HEUTE IST DIE MAINAU DER TOURISTENMAGNET AM BODENSEE SCHLECHTHIN, MIT ÜBER EINER MILLION BESUCHERN IM JAHR.

Wer früh auf die Blumeninsel kommt, hat sie fast für sich allein. Fast – denn die Gartenteams sind natürlich schon unterwegs und mähen Rasen, schneiden Verblühtes ab oder reinigen Wege. Auf Fragen geben sie gern Antwort. Im Herbst fällt die Auskunft vielleicht ein bisschen kürzer aus, denn dann ist Hochsaison für die Gärtner. Die Zwiebeln der Frühjahrsblumen müssen in den Boden – nicht weniger als 600 000 –, die teilweise noch in Blüte stehenden Dahlien und Astern werden entfernt. Dafür kommen dann Stiefmütterchen, damit man auch über den Winter farbige Beete sehen kann.

DIE INSEL BLÜHT AUF

Über 500 Jahre war die kleinste der drei Bodenseeinseln im Besitz des Deutschordens, der auch das Barockschloss bauen ließ. Damals wurde hier genauso Gemüse angebaut wie heute auf der Insel Reichenau. Statt Rosen wuchsen neben dem Schloss Kräuter. Als der Orden 1806 aufgelöst wurde, wechselten die Besitzer mehrfach, bis 1853 der badische Großherzog die Insel als Sommerresidenz erwerben konnte. Friedrich I. war ein Bäumesammler und ließ ein Arboretum mit mehr als 500 Laub- und Nadelbäumen anlegen. Seiner Leidenschaft fehlte allerdings ein wenig der Weitblick – die

Bäume sind so dicht gepflanzt, dass sie sich heute zum Teil im Weg stehen, was den Gärtnern hin und wieder Kopfzerbrechen bereitet. Der Hang des Vaters zum Grünen fehlte Friedrich II. völlig. Er schenkte die Insel 1928 seiner Schwester Victoria, die zwischenzeitlich Königin von Schweden geworden war. Und so werden auf der Mainau bis heute schwedische Traditionen wie das Mittsommerfest oder Santa Lucia gefeiert.

PROFESSIONELLES MANAGEMENT

Königin Victoria wollte ihren Lieblingsenkel, Prinz Lennart, auf der Insel sehen. Durch ein Studium der Land- und Forstwirtschaft bestens auf seine Aufgabe vorbereitet, übernahm Lennart Bernadotte 1932 als 23-Jähriger die Verwaltung der Mainau. Anfangs musste er viel Überzeugungsarbeit beim alten Obergärtner leisten, bis aus der verwilderten Insel wieder ein Park gestaltet war. Als Lennart Bernadotte das Werk für vorzeigbar hielt, öffnete er die Insel gegen Eintritt für Besucher. Heute ist die Mainau der Touristenmagnet am Bodensee schlechthin, mit 1,2 Millionen Besuchern jährlich. Längst sind die Geschäfte in die Hände der nächsten Generation übergegangen, die innovativ das Erbe der Eltern weiterentwickelt – zuletzt mit einem Erlebniswald auf dem Festland.

Überlingens Strandbad und die Bodensee-Therme bieten Wasserfreuden zu jeder Jahreszeit (links und oben rechts). Aus einem Lager- und Handelsplatz wurden Cafés und Restaurants: Greth-Haus an der Überlinger Seepromenade (unten rechts).

Überlingens Seepromenade: Manchem steht der Sinn nach einem Schiffsausflug, andere wollen lieber Enten und Schwäne füttern.

Früh übt sich, was ein erfolgreicher Straßenmusiker werden will.

Fast wie am Mittelmeer: Überlingens Palmenpracht
an der Seepromenade

ANREGUNGEN FÜR ZU HAUSE

Mit zahlreichen Angeboten für Hobbygärtner möchten die Mainauprofis Mut
machen, wieder selbst Hacke und Blu-
menschere in die Hand zu nehmen. Weitere Anregungen für das häusliche Grün
finden Freunde des grünen Daumens
rund um den See in öffentlichen wie
privaten Gärten. So öffnet auch Wilde-
rich Johannes Graf von und zu Bodman
seinen als englischer Landschaftsgarten
gestalteten Schlosspark für Interessierte.
Streng komponierte Gartenkunst des
Barock dagegen kann man im Park von
Kloster und Schloss Salem bewundern
oder vor dem Neuen Schloss in
Meersburg.

Mit seinem Gartenkulturpfad gibt
Überlingen eine Visitenkarte der Landesgartenschau 2021 ab. Beginnend im Bad-
garten, der noch den Charme der 1950er-
Jahre verbreitet, als der Tourismus am
Bodensee wieder so richtig in Schwung
kam, über das Arboretum am See, den
Lärchenhain der Scheffelhöhe, den
Stadtgarten, den noch jungen Kräutergarten bis zu den Menzinger Hausgär-
ten, Kleingärten mitten in der Altstadt –
überall blüht es, und das zu fast jeder
Jahreszeit. Nicht weiter verwunderlich
angesichts der riesigen Wasserfläche, die
so ausgleichend auf die Temperaturen
wirkt, dass hier sogar Palmen im Freien
wachsen können.

PROVOZIERENDE KUNST

Und dennoch war der See zwischen 875
und 1963 schon 33-mal zugefroren. Bei
der „Seegfrörne" von 1963 fuhren Autos
übers Eis, landeten Flugzeuge und spa-
zierten Menschen über die gefrorene
Wasseroberfläche. Gustav Schwabs Bal-
lade „Der Reiter und der Bodensee" von
1826 schildert das tragische Ende eines
solchen Ausflugs. In der Eile verwechselt
ein Reiter den zugefrorenen See mit einer baumlosen, unbebauten Ebene und
reitet darüber. Als ihn die Menschen auf
der anderen Seite beglückwünschen, er-
schrickt der Mann so sehr über seinen
ungeahnt mutigen Ritt, dass er tot vom
Pferd fällt. Der Bildhauer Peter Lenk hat

Der Weg nach oben bedeutet Kampf – satirische Sicht des Lebens im Skulpturengarten des Bildhauers Peter Lenk in Bodman (oben links). Das Bodenseeufer ist eine Weinbauregion: Winzer Walter Kress beim Messen des Fruchtzuckergehalts der Trauben (unten links) und Weinlese bei Überlingen-Goldbach (rechts).

Idylle in einem Meersburger Privatgarten

Erdbeerernte bei Bodman

Special

Ein Kloster wächst im Wald

In vierzig Jahren sollen im Wald bei Meßkirch 45 Häuser und eine achtzig Meter lange Kathedrale für 2000 Menschen stehen – gebaut allein mit Muskelkraft und Ochsenkarren. Grundlage des Projekts des Aachener Journalisten Bert M. Geurten und der Berner Kauffrau Verena Scondo ist der Klosterplan von St. Gallen, zwischen 819 und 826 auf der Insel Reichenau entstanden und heute in der Stiftsbibliothek in St. Gallen zu besichtigen. Wie zur Zeit der Karolinger üblich, soll die Klosteranlage aus dem Wald heraus entstehen. Acht Hektar stehen dafür zur Verfügung, fünf weitere werden für Weide- und andere Nebenflächen gerodet – auch für einen Parkplatz. Denn trotz allem Mittelalterfeeling leben wir im 21. Jahrhundert, und die Besucher reisen meist mit dem Auto an, genau wie die freiwilligen Helfer. Wer will, kann als Handwerker oder Ackerbauer aktiv werden, in der Gastronomie oder als Gästeführer.

Handarbeit mit alten Werkzeugen

Sechs Tage sollte man als Helfer für den einzigartigen Ausflug ins Mittelalter mindestens reservieren.

Natürlich kann man den Baumeistern auch als (Eintritt zahlender) Besucher über die Schulter schauen. Montags und in den Wintermonaten herrscht aber Ruhe auf der faszinierenden Baustelle bei Langenhart. Dann kann man sich Reinhard Kungels Film „Campus Galli" auf DVD oder im Stream ansehen.

dem Bodenseereiter in Überlingen nahe der Schiffsanlegestelle ein Denkmal gesetzt und die Wogen am See damit einmal mehr hoch schlagen lassen. Auch die „Imperia" im Konstanzer Hafen, die eine Kurtisane zu Zeiten des Konzils darstellt, und das Triptychon „Ludwigs Erbe" am Rathaus von Ludwigshafen hatten die Gemüter bewegt. Dort stehen unter der Fahne „Global Players" fünf nackte Figuren, die offensichtlich viel Spaß haben und in denen man eindeutig die Politiker Hans Eichel, Gerhard Schröder, Angela Merkel, Edmund Stoiber und Guido Westerwelle erkennen kann. Der Schriftsteller Martin Walser fühlte sich ebenfalls alles andere als geschmeichelt, als er in Überlingen als Bodenseereiter, auf einem alten Gaul sitzend und von eher ältlichen Nixen umgeben, der Öffentlichkeit präsentiert wurde. Wer mehr von Lenks Bildhauerkunst sehen möchte, findet in der Kaiserpfalzstraße in Bodman eine Art Freilichtausstellung seiner Werke, die die Entwicklung des satirischen Gesellschaftskritikers zeigen.

BAROCKE PRACHT

Ganz anders die barocken Figuren in der Wallfahrtskirche „Zur lieblichen Mutter von Birnau", die Joseph Anton Feuchtmayer aus Linz geschaffen hat. Von außen ist kaum zu ahnen, dass sich hier,

Barocker Überschwang beherrscht jeden Winkel
der Wallfahrtskirche Birnau.

Auf dem Salemer Affenberg kommt man leicht in Kontakt –
vorausgesetzt, das Popcorn ist noch nicht alle.

am Nordrand des Sees, der Inbegriff des Barocks in der Region befindet. Zwischen 1746 und 1749 schuf der Vorarlberger Peter Thumb ein bauliches Meisterwerk – an einem Ort, zu dem die Menschen vermutlich bereits Ende des 9. Jahrhunderts Wallfahrten unternahmen. Bauherr war die Reichsabtei Salem, eines der wohlhabendsten Zisterzienserklöster der Region. Der Neubau war eine Machtdemonstration gegenüber der Reichsstadt Überlingen, die wiederholt versucht hat, die geistlichen Herren in ihre Schranken zu weisen.

Thumb, damals der führende Baumeister in Süddeutschland, baute am Ende sogar bescheidener als geplant. Schließlich taten die eigentlich einem einfachen Leben verpflichteten Zister-

WEITHIN SICHTBAR STEHT DIE BAROCKE WALLFAHRTS-KIRCHE BIRNAU ÜBER DEM ÜBERLINGER SEE.

zienser gut daran, jedes schlossähnliche Erscheinungsbild zu vermeiden. Auf die übliche Ost-West-Ausrichtung der Kirche verzichteten sie allerdings, damit das Gotteshaus vom See aus gut sichtbar war. Umgekehrt erwartet den Besucher vor allem an klaren Tagen beim Verlassen der Basilika ein fantastischer Blick über den See, bis zu den Schweizer Bergen. Dann konkurriert die Natur mit der künstlerischen Pracht im Inneren, entstanden nach dem Vorbild römischer Barockkirchen. So hat die Birnau wie der Petersdom sieben Altäre, die Joseph Anton Feuchtmayer entwarf und in mehrfarbigem Stuckmarmor umsetzen ließ. Putten umrahmen die liturgischen Zentren. Die bekannteste Skulptur ist sicherlich die des Honigschleckers, der einen Bienenkorb im Arm hält. Mit ihm spielt der Künstler auf Bernhard von Clairvaux an, einen der bedeutendsten Zisterzienser, dem die Rede wie Honig aus dem Mund geflossen sein soll.

Sie ist bis in weite Entfernung zu sehen – die Birnauer Wallfahrtskirche will geistliche Dominanz demonstrieren.

Heute wie früher ein Ort der Bildung: Die einstige Reichsabtei, später Schloss Salem, ist seit 1920 Sitz des wohl bekanntesten deutschen Internats.

Zur Seeseite besitzt das Neue Schloss in Meersburg eine Garten-
terrasse, zu der ein kleines Teehaus gehört.

Hinter dem Obertor liegt Meersburgs einladend
hergerichteter Marktplatz.

Die Meersburg hat ihren Ursprung wohl im frühen Mittelalter, wurde aber immer wieder den Bedürfnissen ihrer Bewohner angepasst;
bis zum Bau des Neuen Schlosses waren das die Konstanzer Bischöfe.

Platanen säumen die Meersburger Seepromenade, die entlang der Unterstadt
zur Anlegestelle der Bodenseeschifffahrt führt.

ZENTRUM DER ZISTERZIENSER

Kein Wunder, dass sich auch in der Klosterkirche von Salem ein Honigschlecker findet. 1134 ließen sich die Zisterzienser dort nieder und schufen im Lauf der Jahre eine imposante Anlage. Im 17. Jahrhundert brannten die Gebäude bis auf die Klosterkirche komplett nieder und wurden 1697 bis 1706 neu errichtet. Dabei ließ der Abt auch hier die Gleichwertigkeit geistlicher und weltlicher Macht demonstrieren – in der Bibliothek, dem Kaisersaal und den Privat- und Empfangsräumen des Abtes beispielsweise. Durch die Säkularisation kam das Kloster 1804 an die Großherzöge von Baden, die zunächst nicht allzu viel mit der Anlage anzufangen wussten. Heute ist das einstige Kloster und Schloss Wohnsitz und Weingut der Markgrafenfamilie, auch nachdem 2009 das Land Baden-Württemberg den Besitz übernommen hat. Bei Führungen können Besucher die Räume kennenlernen oder Spaziergänge im Park unternehmen, den markgräflichen Wein verkosten und bei den Handwerkern vorbeischauen. Nicht wundern, wenn man immer wieder Gruppen junger Menschen begegnet. Sie besuchen die Schule Schloss Salem, das renommierte Internat, das Max von Baden 1920 nach reformpädagogischen Grundsätzen gegründet hat.

STOLZE STÄDTE

Die Oberstufenschüler des Internats wohnen und lernen in Überlingen. Die günstige geografische Lage an der engsten Stelle des Bodensees und die gute Erreichbarkeit über Land machten die Stadt rasch zu einem florierendem Handelszentrum. Doch mit dem Dreißigjährigen Krieg endete diese Blütezeit, und seit dem 19. Jahrhundert legen keine Handelsschiffe mehr im Hafen der ehemaligen Reichsstadt an, sondern Ausflugsdampfer. Der Tourismus wurde zum maßgeblichen Wirtschaftsfaktor – ebenso wie im benachbarten Meersburg.

**»AUF DER BURG HAUS' ICH AM BERGE,
UNTER MIR DER BLAUE SEE ...«**

Annette von Droste-Hülshoff

Wer mit der Fähre von Konstanz kommt und schon von Weitem das außerordentlich malerische Stadtbild sieht – mit Unter- und Oberstadt, der alles überragenden Burg und dem Neuen Schloss – dem wird auf den ersten Blick klar, weshalb die gesamte Stadt bereits seit 1954 als kulturelles Erbe unter Denkmalschutz steht.

STEINZEIT AM SEE

Gar zum Welterbe zählt die Pfahlbautensiedlung in Unteruhldingen. Mehr als zwanzig Gebäude aus der Zeit zwischen 4000 bis 850 vor Christus dokumentieren das Leben in der Stein- und Bronzezeit. Damals standen die Häuser am Ufer, nicht im See – sie sollten ja gerade vor dem Hochwasser schützen. Andererseits wollten die Menschen möglichst nah am Wasser sein, da das Fischen zu ihren Lebensgrundlagen gehörte. An 111 Stellen im Voralpenraum hat man diese Bautechnik bislang gefunden. Am Bodensee haben sich am Seegrund unter Luftabschluss zahlreiche Materialien erhalten, wie Werkzeuge, Knochen, Stoff- und sogar Speisereste. Durch die Bauteile, die sie fanden, konnten die Forscher rekonstruieren, wie die Pfahlbauten einst aussahen. Trotzdem sind noch viele Fragen offen. Diese präsentiert das Museum in Unteruhldingen ebenso wie die gesicherten Erkenntnisse.

Gartenarbeit auf der Mainau

GUT ZU TUN,
AUCH WENN NICHTS BLÜHT

*Manchmal mischt sich Markus Zeiler einfach unter die Besucher.
Und da kaum einer kommentarlos an der Blumenpracht auf der Mainau vorbeigeht,
bekommt der Gartendirektor einiges zu hören – bewundernde, erstaunte
und gelegentlich auch kritische Anmerkungen.*

Mainau-Gärtnerin Jana Nüsseler im Italienischen Rosengarten,
der bereits zur Zeit von Großherzog Friedrich I. angelegt wurde.

Jedes Jahr kommen 1,2 Millionen Menschen auf die Insel Mainau, vor allem während des Blumenjahrs von März bis Oktober. Jeden Monat erwartet die Besucher ein anderer Blütenschwerpunkt, angefangen bei Schneeglöckchen, Krokussen Tulpen und Narzissen im Frühjahr, über die Rosen und Rhododendren im Sommer bis zu den Dahlien im Herbst. Da fragt sich mancher, wie die Mainau-Gärtner das alles hinbekommen. Die Antwort: Das Geheimnis liegt vor allem in einer genauen und frühzeitigen Planung.

STETS DIE NEUESTEN ZÜCHTUNGEN

Die Arbeit für das Frühjahr beginnt bereits mit der rechtzeitigen Bestellung der Zwiebeln im Jahr zuvor. Dabei sind die Gärtner immer darauf bedacht, den Besuchern aktuelle Züchtungen zu zeigen, die sie noch nirgendwo anders gesehen haben. 600 000 Blumenzwiebeln setzen die Gartenteams im Herbst. Nach der Blüte im Frühjahr landen alle auf dem Kompost – was Kopfschütteln bei den Besuchern hervorruft, die das beobachten. Am liebsten würden sie die Pflanzen einpacken und mit nach Hause nehmen, doch die Gärtner geben nichts ab. Vielleicht auch besser so, denn die Blumen sind darauf gezüchtet, ein Frühjahr lang wunderbar zu blühen. Die Kraft geht in die Blüte, weniger in die Zwiebel. Sollte man doch mal eine verblühte Tulpe ergattern, rät Markus Zeiler, auf alle Fälle das Grün an der Pflanze zu lassen, bis es vertrocknet ist, da dadurch die Zwiebel Energie für einen neuen Austrieb bekommt.

GARTENTIPPS NICHT NUR AM BEET

Wertvolle Tipps für Hobbygärtner geben die Mainau-Profis gern weiter, sei es direkt am Beet, in Workshops oder über das grüne Telefon. Wer es ganz genau wissen will, kann auch für ein, zwei oder drei Tage selbst zum Mainau-Gärtner werden, allerdings nicht unbedingt in den Hauptarbeitswochen im Herbst und Winter. Anfang Oktober, wenn die Dahlienkönigin gekrönt ist, verwandeln sich die Blumenbeete grundlegend. Gnadenlos werden die noch blühenden Sommerblumen herausgenommen. Schließlich kommen die Garten-

Tulpen und Narzissen
säumen die Italienische
Wassertreppe.

In den Gewächshäusern der Mainau wächst der Nachwuchs für die vielen Beete heran – hier von Peter Schober gepflegt.

Unten: Rosenbeete verlangen fast täglich nach gärtnerischer Betreuung.

freunde auf die Mainau, um die Blüten zu bewundern und nicht deren Vergehen zu beobachten.

SPANNUNG VOR DER TULPENBLÜTE

Wann sich im Frühling die gesetzten Zwiebeln entfalten, bleibt bei aller planerischer Kompetenz auch für Markus Zeiler und sein Team mit mehr als sechzig Mitarbeitern spannend. Ist der März sehr warm und lockt die Pflanzen früh aus dem Boden, sodass die Osterbesucher die Hauptblüte gar nicht mehr mitbekommen? Oder ist es so kalt, dass sich die Blütenkelche an Ostern noch in der Knospe verbergen? Da sind dann auch die versierten Mainau-Gärtner ganz vom Wetter abhängig. Das meint es aber meistens gut mit der rund 15 000 Jahre alten Felseninsel. Dank des großen Wasser-

speichers Bodensee gibt es keine extremen Temperaturschwankungen.

Im Frühjahr bedeutet das allerdings, dass der Austrieb zwei bis vier Wochen hinter dem der Oberrheinebene liegt, da der See durch das Schmelzwasser aus den Bergen noch relativ kühl ist. Spätestens Mitte Mai überholt die Mainau dann jedoch alle anderen Regionen, und im Herbst gibt der See noch lange Wärme ab, sodass die Dahlien ein wahres Farbenfeuerwerk entfalten können. Sie halten die Gärtner ordentlich auf Trab. Als bewurzelte Stecklinge kommen die fast 12 000 Pflanzen auf die Insel. Nur drei Triebe sollen wachsen, damit sich reichlich Blüten entwickeln. Ja, und wenn die da sind, hat das Gartenteam sie genau im Blick und schneidet Verblühtes sofort aus.

Blumeninsel Mainau

....

Vom Festland ist die 45 Hektar große Insel Mainau über eine Fußgängerbrücke oder per Inselbus ab dem Parkplatz erreichbar. Die schönste Anreise hat man allerdings mit dem Schiff. Die Insel ist von Sonnenaufgang bis Sonnenuntergang geöffnet. Ein Rundgang am frühen Morgen ist besonders reizvoll.

Pflanzenberatung: Tel. 07531 30 33 33 (Mi. 13.00–16.00 Uhr), per Mail (gruenes-telefon@mainau.de) oder vor Ort im Park. Informationen zum Blumenjahr, Seminaren, Veranstaltungen: www.mainau.de und www.dasgruenetelefon.de

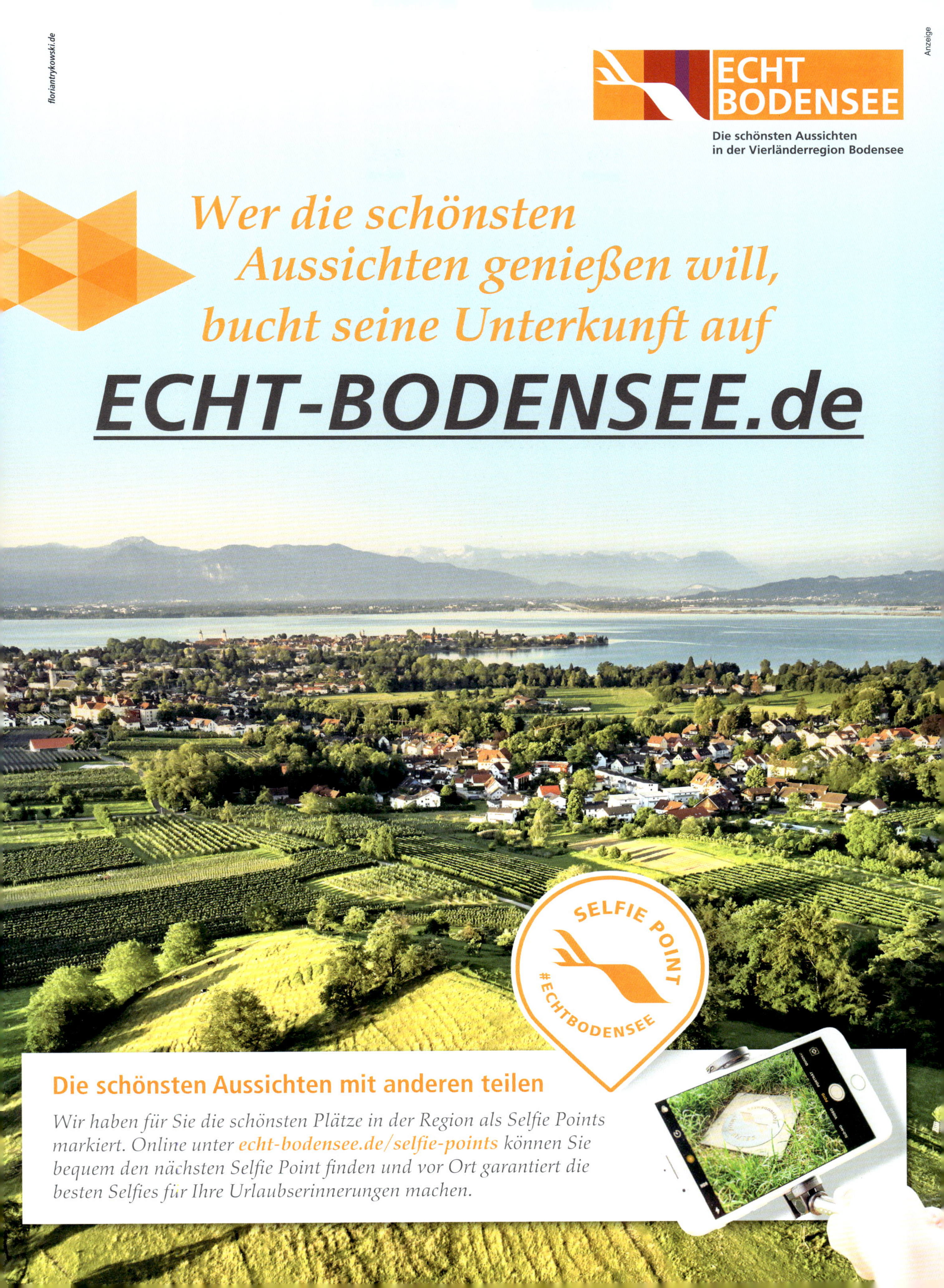
Anzeige
floriantrykowski.de
ECHT BODENSEE
Die schönsten Aussichten in der Vierländerregion Bodensee
Wer die schönsten Aussichten genießen will, bucht seine Unterkunft auf
ECHT-BODENSEE.de
SELFIE POINT
#ECHTBODENSEE
Die schönsten Aussichten mit anderen teilen
Wir haben für Sie die schönsten Plätze in der Region als Selfie Points markiert. Online unter echt-bodensee.de/selfie-points können Sie bequem den nächsten Selfie Point finden und vor Ort garantiert die besten Selfies für Ihre Urlaubserinnerungen machen.

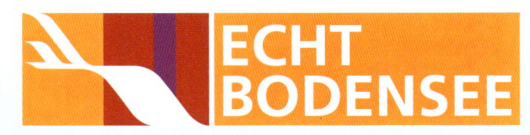

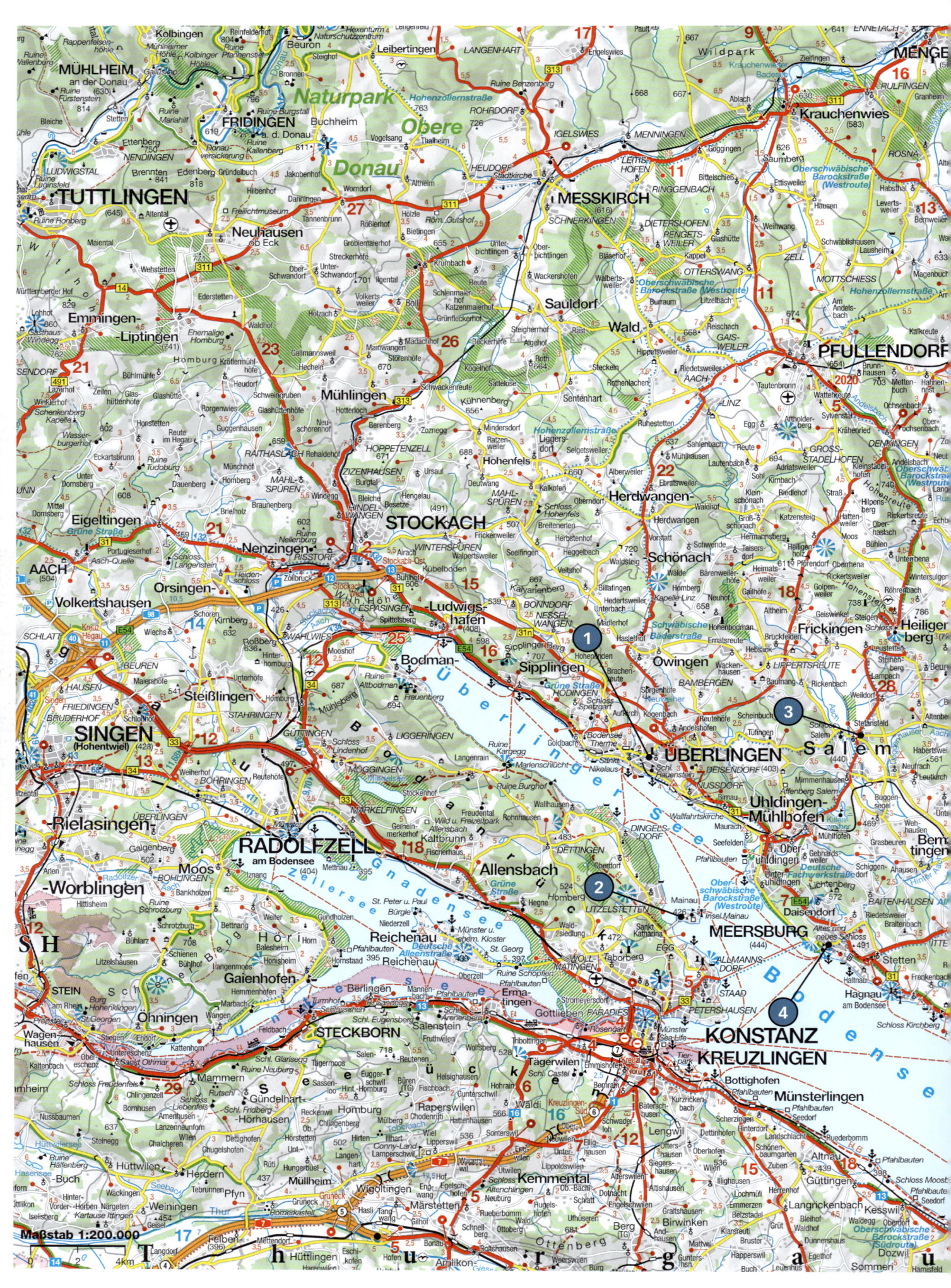

MALERISCHE STÄDTE UND BAROCKE PRACHT

Klein und überschaubar ist der Überlinger See, gerade mal zwei, drei Kilometer breit. Mühelos kann man von den Uferpromenaden in Meersburg und Überlingen auf die andere Seite zum Bodanrück schauen. Dass es sich in dem fast mediterranen Klima gut leben lässt, wussten schon die Steinzeitmenschen.

❶ Überlingen

Die einstige Reichsstadt (22 600 Einw.) lockt mit einer sehenswerten Altstadt. 770 in einer Urkunde als Schenkung an das Kloster St. Gallen erwähnt, bekam Überlingen 1180 Markt- und 1211 Stadtrecht, wurde Ende des 14. Jh. Reichsstadt und durch Handel wohlhabend. Seit dem 19. Jh. ist das touristische Ziel dank der Mineralquellen auch Kur- und Badeort.

SEHENSWERT

Die Palmen an der 5 km langen **Seepromenade** spiegeln das milde Klima am Überlinger See. Am Landungsplatz der Ausflugsschiffe sind in der klassizistischen **Greth** (1788), dem ehem. Handels- und Lagerhaus, heute Lokale, die Markthalle und ein Kino untergebracht. Richtung Westen geht es zum **Landesgartenschaugelände** mit vielen verschiedenen Anlagen; über den **Gallerturm** (um 1500), einen der wenigen Türme, die von der Stadtbefestigung noch stehen, weiter zur **Franziskanerkirche** (14. Jh., ab 1752 im Rokoko neu ausgestaltet, u. a. von Joseph Anton Feuchtwanger). Die Franziskaner hatten in Überlingen, wo der Orden ab 1259 nachgewiesen ist, das größte Kloster der Region. Über die Aufkircher Straße führt der Weg zum **Münster St. Nikolaus** (1350–1576), der größten gotischen Kirche am Bodensee; besonders sehenswert sind der geschnitzte Hochaltar von Jörg Zürn (um 1615) und mittelalterliche Fresken. Unterhalb des Münsters liegt das **Rathaus** (14. und 15. Jh.); im spätgotischen Ratssaal ist der geschnitzte Figurenfries mit 41 Darstellungen der Stände des Heiligen Römischen Reiches und der Stadtpatrone Michael und Nikolaus sehenswert (Mi., Do. 11.00 Uhr oder bei Stadtführungen). Zurück am Landungsplatz steht man seit 1999 vor dem **Brunnen Der Bodenseereiter** von Peter Lenk, der die Legende aus dem 19. Jh. auf den Schriftsteller Martin Walser umgedeutet hat.

Überlingen: Anlegestelle des Schiffs zur Mainau (oben), Bodensee-Therme (rechts unten); Sipplingen: Bodenseewasser-Aufbereitung

MUSEEN

Die Geschichte Überlingens bis ins 19. Jh. ist im **Städtischen Museum** zu verfolgen; das Patrizierhaus (um 1460) gilt als ältester Privatpalast der Renaissance nördlich der Alpen (Krummebergstr. 30, www.ueberlingen-bodensee.de; April–Dez. Di.–Sa. 9.00–12.30, 14.00–17.00, April–Okt. auch So. 10.00–15.00 Uhr). In einem ehem. Ballsaal des 19. Jh. zeigt die **Städtische Galerie** historische und aktuelle Kunst (Landungsplatz/Seepromenade 2, www.staedtische galerie.de; März–Anfang Okt. Di.–Fr. 14.00 bis 17.00, Sa., So., Fei. ab 11.00 Uhr).

ERLEBEN

Am 2. So. im Mai und Juli wird bei der **Schwedenprozession** die Schwedenmadonna (1659) durch die Stadt getragen, aus Dankbarkeit,

dass die Belagerung Überlingens während des Dreißigjährigen Kriegs glimpflich ausging. Beim **Orgelsommer** erklingen die Münsterorgeln (www.ueberlinger-muensterkonzerte.de). Chansons und Schauspiel gibt es in **Noltes Theater** (Gunzoweg 1, www.noltes.biz).

HOTEL UND RESTAURANT

Im Kreis der renommierten Linzgauköche fühlt sich Simon Metzler vom € € **Bürgerbräu** sichtlich wohl. Er und seine Frau betreiben das Haus in dritter Generation (Aufkircher Str. 20, Tel. 07551 9 27 40, www.bb-ueb.de; Mo. Ruhetag, Hotel geöffnet).

UMGEBUNG

Die **Marienschlucht** im Bodanrück, am gegenüberliegenden Seeufer, ist seit einem Erdrutsch im Frühjahr 2015 gesperrt; wann die Schlucht wieder geöffnet sein wird, ist noch unklar (www.marienschlucht.de).

„ICH LIEBE DEN SEE UND DIE MENSCHEN HIER. ICH WOLLTE NIE WEG."

Mark Keller, in Überlingen geborener Schauspieler

Die **Sylvesterkapelle** (9. Jh.) im Teilort Goldbach ist einer der ältesten Kirchenbauten in Deutschland, mit Fresken, die den Malern der Reichenau (10./11. Jh.) zugeschrieben werden (3 km westl., neben Campingpark Überlingen; Mo., Mi., Sa. 11.00–17.00 Uhr).

Im Fachwerk- und Kirschwasserdorf **Sipplingen** (8 km nordw.) legen die Ausflugsschiffe nach Ludwigshafen und Bodman ab. Schön ist der Naturbadestrand mit flach abfallendem Seezugang. Mehr als 7,5 Mio. Menschen trinken das Bodenseewasser, das auf dem Sipplinger Berg aufbereitet wird (Führungen über Tourist-Information Sipplingen).

Stockach (18 km nordw.) ist nicht nur als Tor zum Bodensee bekannt, hier tagt seit 1351 auch alljährlich das Hohe Grobgünstige Narrengericht und fällt sein Urteil über bevorzugt politische Prominenz. Im Stadtmuseum wird die Tradition eingehend beleuchtet (Salmannsweilerstr. 1, Tel. 07771 80 23 00; Di.–Fr. 9.00–12.00 und 13.00–17.00 Uhr, Sa. 9.00–13.00 Uhr).

Gut 40 km nördl. ist bei **Meßkirch** die Baustelle der karolingischen Klosterstadt **Campus Galli** zu finden (6 km nördl. von Meßkirch an der B 313, Abzweigung Langenhart, www.campus-galli.de; April–Okt. Di.–So. 10.00–18.00 Uhr).

INFORMATION

Marketing und Tourismus Überlingen, Landungsplatz 5, 88662 Überlingen, Tel. 07551 9 47 15 22, www.ueberlingen-boden see.de; Tourist-Information Sipplingen, See-str. 3, 78354 Sipplingen, Tel. 07551 9 49 93 70, www.sipplingen.de

② Insel Mainau

Die Monate März bis Okt. umfasst das Blumenjahr auf der **Insel Mainau TOPZIEL**, der mit 44 ha kleinsten Bodenseeinsel. Neben den jahreszeitlich blühenden Pflanzen sind das **Arbo-**

Die Sylvesterkapelle im Überlinger Stadtteil Goldbach zieren bedeutende Fresken aus der Zeit der Karolinger.

retum sowie das **Schmetterlings-** und das **Palmenhaus** die Attraktionen (www.mainau.de; Insel tgl. von Sonnenauf- bis Sonnenuntergang, Schmetterlingshaus Ende März–Okt. tgl. 11.00 bis 19.00, Palmenhaus 9.00 bis spätestens 21.00 Uhr).

Aus der Deutschordenszeit (1272–1805) stammt die barocke **Schlosskirche** (bis 1739) und auch das schlichte barocke **Schloss** (bis 1746; Wechselausstellungen bzw. Privatbesitz).

Auf dem Festland liegt der **Erlebniswald** mit Sinnenpfad und Kletterangebot (www.erlebnis wald-mainau.de; Ostern–Sept. Mo.–Fr. 13.00 bis 20.00, Sa., So. Fei. 11.00–20.00, Okt. nur Sa., So., Fei. 11.00–19.00, Schulferien in Baden-Württemberg tgl. 11.00–20.00 Uhr).

③ Salem

Im von der Aach durchzogenen Linzgau liegt die 1134 gegründete, einst mächtige Abtei der Zisterzienser, heute Wohnsitz des Markgrafen von Baden und Domizil eines weltbekannten Internats, das Max von Baden 1920 als Reformschule gegründet hat.

SEHENSWERT

Das von außen schlichte gotische **Münster** (ab 1285) ist im Inneren klassizistisch ausgestaltet. An mehreren Stellen zeigen sich Wandmalereien aus früheren Zeiten, die mit einfacher grauer Farbe übermalt wurden. In den Kreuzgängen und dem ehem. Speisesaal der Mönche sind prächtige Stuckarbeiten und Gemälde aus der Barockzeit zu sehen. Überhaupt zeigt das einstige **Konventgebäude**, dass die Geistlichkeit der weltlichen Macht in nichts nachstehen wollte, beispielsweise in der Bibliothek, dem Kaisersaal und in den Privat- und Empfangsräumen des Abtes. Im **Klostermuseum** ist der Marienaltar (1507) Bernhard Strigels zu sehen, ein Meisterwerk der Dürerzeit; der Altar ist in den 1990er-Jahren in Karlsruhe zusammengeführt worden, nachdem er nach dem großen Brand von Salem 1697 zerteilt worden war. Profan nimmt sich dagegen das **Feuerwehrmuseum** aus, das die Leistungen der Zisterzienser in Sachen Wassertechnik und Brandschutz würdigt (Kloster und Schloss Salem, Tel. 07553 9 16 53 36, www.salem.de; Schloss und

Meersburg: Droste-Hülshoff-Museum im Fürstenhäusle; Altes Schloss

Museen April–Okt. Mo.–Sa. 9.30–18.00, So./Fei. ab 10.30 Uhr, tgl. mehrere Führungen).

UMGEBUNG

200 Berberaffen leben am **Affenberg Salem** und dürfen von den Besuchern mit speziell zubereitetem Popcorn gefüttert werden. Außerdem kann man in 20 Horsten Störche beobachten (Affenberg Salem, Mendlishauser Hof, www.affenberg-salem.de; März–Okt. tgl. 9.00 bis 18.00 Uhr).

Einen Inbegriff des Barock stellt die **Wallfahrtskirche Zur lieblichen Mutter von Birnau TOPZIEL** (bis 1750) dar, Hauptwerk des Vorarlberger Baumeisters Peter Thumb; die überwältigende Fülle spiegelt die Lebensfreude des Barock und Rokoko (Zisterzienser-Priorat Birnau, Maurach 5, Uhldingen-Mühlhofen, www.birnau. de; Sommer 7.30–18.00, Winter bis 17.00 Uhr).

④ Meersburg

Die Kleinstadt (6000 Einw.) am Übergang zum Obersee wurde erstmals 988 erwähnt. Ab dem 12. Jh. war der malerische Ort Residenz der Bischöfe von Konstanz (bis 1803). Seit 1954 steht die Weinbauhochburg mit ihrem historischen, von Fachwerk geprägten Altstadtensemble unter Denkmalschutz.

SEHENSWÜRDIGKEITEN

Vom westl. **Seetor**, Rest der mittelalterlichen Stadtbefestigung nahe der Abfahrtsstelle der Fähre nach Konstanz, erreicht man die Seepromenade, die man bis zum **Gredhaus**, dem einstigen Handels- und Lagerplatz (16. Jh.), entlangschlendern kann. Über die Unterstadtstraße geht es zurück bis zum Winzerverein in der Kronenstraße und dann über eine Treppe hinauf zur **Meersburg** mit dem benachbarten **Neuen Schloss**. Über den Schloss- und Marktplatz sowie die Steigstraße kommt man zum Ausgangspunkt zurück.

MUSEEN

Das **Alte Schloss** (988 erwähnt) ist die älteste bewohnte deutsche Burg. Ein Rundgang vermittelt Einblicke in mittelalterliches Leben und fantastische Ausblicke auf den See; das Arbeits- und das Sterbezimmer der Dichterin Annette

von Droste-Hülshoff sind ebenfalls zu besichtigen (www.burg-meersburg.com; tgl. 9.00 bis 18.30). Im benachbarten **Neuen Schloss** (1710–1743) präsentiert das Schlossmuseum fürstbischöfliche Wohn- und Lebenskultur (www.neues-schloss-meersburg.de; April bis Okt. tgl. 9.30–18.00, sonst Sa., So., Fei. 12.00 bis 17.00 Uhr).
Jenseits der Bundesstraße 33 liegt in den Weinbergen das **Fürstenhäusle**, Rückzugsort der Dichterin nach 1843, heute **Droste-Museum** (Stettener Str. 11, www.fuerstenhaeusle.de; April–Okt. tgl. 10.00–17.00 Uhr).
In der **Bibelgalerie** im ehem. Dominikanerinnenkloster (Urspr. um 1300) zeigt eine Erlebnisausstellung die Entstehung der Heiligen Schrift, ihre Überlieferungsgeschichte und die Geschichte der Stadt Meersburg (Kirchstr. 4, www.bibelgalerie.de; April–Okt. Di.–Sa. 11.00–13.00, 14.00–17.00 Uhr, So./Fei. 14.00–17.00 Uhr).
Das Heilig-Geist-Spital in der Meersburger Oberstadt ist seit 2016 Heimat des **Vineum**, eines Weinbaumuseums, das Bezüge zur Stadtgeschichte herstellt und alle Sinne anspricht – auch den Geschmackssinn in der Probierstube (www.vineum-bodensee.de; s. S. 114).

AKTIVITÄTEN
Von der **Friedrichshöhe** (Von-Laßberg-Straße) hat man einen herrlichen Blick auf Stadt, See und Alpen. Der Abstecher lässt sich gut mit einem Besuch im Droste-Museum verbinden.

RESTAURANT
Die Erzeugnisse des Weinguts Markgraf von Baden vom Bodensee und aus der Ortenau kann man im € **Birnauer Oberhof** probieren (9 km nordw.; Oberhof 1a, Uhldingen-Mühlhofen, Tel. 07556 93 36 80, www.birnauer-oberhof.de). Schmecken sie, ist direkt gegenüber der markgräfliche **Weinverkauf** zu finden (Oberhof 1 a, Uhldingen-Mühlhofen, Tel. 07556 60 02, www.markgraf-von-baden.de; tgl. 10.00–17.00 Uhr; s. S. 114).

UMGEBUNG
Die Pfahlbauten von **Unteruhldingen** TOPZIEL (6 km nordw.) sind Teil des UNESCO-Welterbes mit 111 Pfahlbaufundstellen in der Bodenseeregion. In Unteruhldingen lassen 23 rekonstruierte Häuser aus der Stein- und Bronzezeit (ca. 4000–850 v. Chr.) Geschichte lebendig werden (Strandpromenade 6, Uhldingen-Mühlhofen, www.pfahlbauten.de; April–Okt. tgl. 10.00 bis 18.00, Okt. bis 17.30, Nov. nur Sa./So. 10.00 bis 17.30 Uhr).
150 Traktoren aus den vergangenen hundert Jahren zeigt das Traktormuseum in **Gebhardsweiler.** Fahrzeuge von Lanz, Porsche oder Waterloo-Boy stehen zwischen historischen Werkstätten (Gebhardsweiler 1, Uhldingen-Mühlhofen, https://autoundtraktor.museum; Mai–Okt. tgl., Nov.–Dez. und März/April Di.–So., Kernzeit 10.00 bis 17.00 Uhr).

INFORMATION
Meersburg Tourismus, Kirchstr. 4, 88709 Meersburg, Tel. 07532 44 04 00, www.meersburg.de

MIT SEEBLICK SCHWITZEN UND RELAXEN

In der heißen Sauna schwitzen und dabei auf den kühlen See blicken – das kann man gleich an drei Orten. In Überlingen genießt man das Seepanorama in den Saunen, die Bootshäusern nachempfunden sind, im Saunagarten oder vor dem Kaminfeuer im Ruhehaus. Und zum Abkühlen führt der Weg direkt in den See. Ganz schön erfrischend!

Aus 1006 Meter Tiefe kommt das warme Wasser der Überlinger Therme und sprudelt mit 4,25 l pro Sekunde. Für die Badegäste wird es im Außen- und Innenbecken von 36 °C auf 33 °C „abgekühlt", im Sportbecken auf 28 °C. Nur im Whirlpool bleibt das Wasser so warm, wie es aus der Erde kommt. Wem es im Schwimmbecken zu trubelig ist, weil auf der Reifenrutsche gerade die Post abgeht, der wandert am besten Richtung Sauna ab. Davor laden vier Kaskadenbecken mit meditativer Unterwassermusik und Lichtprojektionen zum Träumen ein, vor allem wenn es draußen schon dunkel ist und der Blick über den See zu den Lichtern am gegenüberliegenden Ufer schweifen kann.

Für Wasserspaß sorgt die 90-m-Reifenrutsche in der Bodensee-Therme Überlingen.

In Meersburg haben sich die Gestalter der Therme an benachbarten historischen Vorbildern orientiert und direkt am See drei Pfahlbauten zum Schwitzen gebaut. Wer nun immer noch nicht entspannt ist, kann mit der Fähre nach Konstanz übersetzen und auf der anderen Seite des Sees weiterschwimmen und -schwitzen.

Bodensee-Therme Überlingen: tgl. 10.00–22.00, Fr., Sa. bis 23.00 Uhr; Bahnhofstr. 27, Tel. 07551 3 01 99 30, www.bodensee-therme.de

Meersburg-Therme: Mo.–Do. 10.00–22.00, Fr., Sa. bis 23.00, So./Fei. 9.00–22.00 Uhr; Uferpromenade 10, Tel. 07532 4 40 28 50, www.meersburg-therme.de

Bodensee-Therme Konstanz: tgl. 9.00–22.00 Uhr, Sauna ab 10.00 Uhr; Zur Therme 2, Tel. 07531 36 30 70, www.therme-konstanz.de

Nordufer

✳

DAS TOR ZUR WEITEN WELT

✳

Vom Nordufer des Obersees aus geht Hopfen nach Asien, Amerika und Afrika. Hier ist der einzige Ausbildungsort für Zeppelinpiloten weltweit, und Fahrzeuge überall auf dem Globus fahren mit Teilen der Zahnradfabrik in Friedrichshafen. Kaum zu glauben, wenn man als Urlauber an der Uferpromenade entlangschlendert.

Lindaus Hafen mit dem mittelalterlichen Mangturm auf der einen und dem Neuen Leuchtturm auf der anderen Seite

Das Dornier-Museum Friedrichshafen fühlt sich „100 Jahren Faszination Luft- und Raumfahrt" verpflichtet.
Im Hangar steht auch eine „Merkur", die ab 1925 u.a. von der Deutschen Lufthansa eingesetzt wurde.

Zu Messezeiten zeigen sich im Sportboothafen von Friedrichshafen
die neuesten Produkte der Bootsbauer.

Weit reicht der Blick vom Aussichtsturm
auf der Hafenmole in Friedrichshafen.

Die Architektur des Dornier-Museums wird der visionären Luftfahrtgeschichte
im Inneren mehr als gerecht.

»MAN MUSS NUR WOLLEN UND DARAN GLAUBEN, DANN WIRD ES GELINGEN.«

Ferdinand Graf von Zeppelin

Die Bedeutung der Friedrichshafener Region als Industriestandort ist eng mit dem Namen Zeppelin verbunden. Am 2. Juli 1900 unternahm Ferdinand Graf von Zeppelin die erste Versuchsfahrt mit einem lenkbaren gasgefüllten Luftschiff von einer Halle aus, die bei Manzell im Bodensee schwamm. 1910 folgte die erste Passagierfahrt und 1924, sieben Jahre nach Zeppelins Tod, die erste Atlantiküberquerung.

Am 6. Mai 1937 endete die Ära der Luftschifffahrt in einem Feuerball – mit der Explosion des LZ 129 „Hindenburg" in Lakehurst. Statt mit unbrennbarem Helium war der Zeppelin mit leicht entzündbarem Wasserstoff gefüllt, was Passagieren und Bordpersonal bei der Landung während eines Gewitters zum Verhängnis wurde. Nur 62 der 97 Menschen an Bord überlebten.

Aber seit dem 18. September 1997 fliegen sie wieder, die großen silbernen Zigarren, jetzt als Zeppelin NT, was für „neue Technologie" steht. Sie sind kleiner als ihre Vorgänger und mit sicherem Helium gefüllt. Seit 2001 bietet die Zeppelin-Reederei auch wieder Passagierflüge an. Vierzehn Millionen Euro kostet ein Luftschiff heute – ohne Sonderausstattung und Zubehör. Goodyear hat drei Exemplare gekauft – der größte Auftrag für Zeppelin Luftschifftechnik.

INNOVATIVER VISIONÄR

Der fliegende Graf war aber nicht nur Visionär, er war auch kluger Geschäftsmann und sozialer Arbeitgeber. Rund um den Hangar siedelte er Betriebe an, die ihm lieferten, was er für den Luftschiffbau benötigte: Motoren, Getriebe, Gas. Ein Modell, das heute rund um jede moderne Automobilfabrik zu finden ist, um Zeit zu sparen und Wissen zu vernetzen. Gleichzeitig war Zeppelin wichtig, dass diese Firmen sich durch Aufträge aus dem Schiffs- und dem damals immer bedeutender werdenden Fahrzeugbau absicherten.

Spätestens nach der Katastrophe von Lakehurst wurde deutlich, wie weitsichtig diese Empfehlung war. Die Zahnradfabrik Friedrichshafen (ZF), die Maybach Motorenwerke und die Dornier Metallbauten gingen ihren Weg ohne Zeppelin weiter. ZF beispielsweise, das ab 1915 Getriebe für Luftschiffe und Fahrzeuge entwickelte und produzierte, ist heute ein weltweit führender Technologiekonzern für Antriebs- und Fahrwerkstechnik. Immer noch mit Sitz in Friedrichshafen.

SOZIALES ENGAGEMENT

Als die Vision vom Fliegen konkret wurde, entstanden natürlich auch zahlreiche neue Arbeitsplätze. Doch wo die Mitarbeiter unterbringen? Friedrichsha-

Körperbeherrschung in luftiger Höhe kann man im Abenteuerpark bei Immenstaad üben.

Idyllisch zwischen Streuobstwiesen und Wein verlaufen die Wanderwege bei Kressbronn.

Das Eriskircher Ried zeigt sich vielgestaltig – von Flachwasserzonen mit Wasservögeln über Streuobstwiesen mit seltenen Pflanzen bis zur einzigartigen Blüte der Sibirischen Schwertlilie von Mitte Mai bis Anfang Juni.

Ob hoch zu Ross oder auf Schusters Rappen, an der Obstblüte um Oberreitnau erfreuen sich alle.

Bei einem Ausflug ins Eriskircher Ried gibt es – oftmals verborgene – Schätze zu entdecken.

Hopfenanbau

Im Eiltempo nach oben

....

Special

Man braucht ihn, um Bier haltbar zu machen, ihm eine Schaumkrone aufzusetzen und den Geschmack zu verfeinern. Aber Hopfen hat zudem auch Heilwirkung.

In Tettnang, einem der größten Anbaugebiete Deutschlands mit einem Weltmarktanteil von 2,3 Prozent, weiß man das natürlich alles. Hier in der Region soll angeblich der edelste Hopfen der Welt wachsen, und das ziemlich rasant.

Wenn im Mai die jungen Pflanzen an die kahlen Drahtgerüste zwischen den riesigen Holzstangen „angeleitet" worden sind, kann man fast zusehen, wie sich die Ranken nach oben arbeiten. Im Juni sind sie bereits zwei Meter hoch, Anfang August haben sie sechs Meter erreicht. Ende des Monats sind sie erntereif und werden von den Drähten gezogen – heute mit Maschinen, früher von Hand. Wie das geht, zeigen das Hopfenmuseum und der Hopfenpfad. Wer zu Zeiten der

Ende August beginnt die Hopfenernte.

Handernte die letzte Ranke herunterzog, war die „Hopfensau" und bekam von allen anderen Erntehelfern das, was sie noch im Korb hatten. Da man nach Gewicht bezahlt wurde, war man gern eine „Sau".

Die Hopfensau gibt es übrigens immer noch, als Maske der Tettnanger Fasnet. Und die bitteren Dolden werden hier nicht nur an Brauereien geliefert, sondern auch an Heilmittelfirmen in der Schweiz.

fen war eine der teuersten Städte im württembergischen Königreich. Deshalb entstand zwischen 1914 und 1919 das Zeppelindorf, eine Gartenstadt aus Einzel-, Doppel- und Reihenhäusern, die über eine Verbindungsstraße direkt an das Werftgelände angeschlossen war. In den großen Gärten konnten die Bewohner Obst und Gemüse selbst ziehen und Kleintiere halten. Im Zweiten Weltkrieg wurde die Anlage stark zerstört, beim Wiederaufbau aber in ihrem Gesamtcharakter erhalten.

Wer sich auf die Spuren Zeppelins begeben will, kann in Manzell auf dem Zeppelinpfad aufbrechen und über die Uferpromenade, die Zeppelinwerft und das Zeppelindorf bis zu den neuen Hallen am Flughafen wandern. Und wer dann immer noch nicht genug Flugluft geschnuppert hat, stößt im Dornier-Museum auf der anderen Seite des Flughafens nicht nur auf Flugzeuge, sondern auch auf Hochtechnologie der Luft- und Raumfahrt.

In Immenstaad findet sich seit fünf Jahrzehnten – heute unter dem Dach von Airbus – ein Zentrum für die Entwicklung und den Bau von Satelliten und Instrumenten, mit denen das Weltall wissenschaftlich erforscht werden kann. Die Sonde „Rosetta" hat Weltraumgeschichte geschrieben. Als sie 2016 auf

Nur angucken, nicht anfassen – Bodenseegänse sind wehrhafte Eltern! Bei Kressbronn ist eines der zahlreichen Naturstrandbäder zu finden. Lindaus Hafeneinfahrt wird vom bayerischen Löwen bewacht. Und auf dem Bodensee-Oldtimer „Hohentwiel" wird passenderweise Dixieland-Jazz gespielt (im Uhrzeigersinn).

dem Kometen Tschuri landete, hatte sie zwölf Jahre lang Daten über den Urstaub gesammelt, aus dem vor Milliarden Jahren unser Sonnensystem entstand. Eine Mission, deren Bedeutung die Experten mit der Mondlandung gleichsetzen.

TOURISMUS NEBEN HIGHTECH

Auch wenn die Hightech-Unternehmen eine große Rolle spielen in der Region, sind Tourismus, Obst- und Weinbau nach wie vor wichtige Wirtschaftszweige am Nordufer des Obersees. In Immenstaad, das von Weinbergen und Obstwiesen umschlossen ist, setzt man vor allem auf Familienferien. Wer auf dem Bauernhof wohnt, darf Tiere mitversorgen, Kräuter mit der Bäuerin sammeln und in Brot einbacken oder frischen Apfelsaft pressen. Auf der Lädine „St. Jodok", benannt nach dem Schutzherrn der Bauern und Schutzpatron von Immenstaad, werden Kinder zu Piraten. Der Begriff Lädine hat seinen Ursprung im alemanni-

TOURISMUS, OBST- UND WEINBAU SIND WICHTIGE WIRTSCHAFTSZWEIGE AM NORDUFER DES OBERSEES.

schen Wort Lädi, was so viel wie Ladung oder Last bedeutet. Ob mit oder ohne Augenklappe – das siebzehn Meter lange Segelschiff wird gern geentert. Und danach geht es auf einen oder gleich mehrere der elf Parcours im Hochseilgarten des Abenteuerparks. Oder ans Wasser. Wie Perlen einer Kette reihen sich die Naturstrandbäder auf dieser Seite des Obersees aneinander: Hagnau, Immenstaad, Fischbach, Eriskirch, Langenargen, Kressbronn, Nonnenhorn, Wasserburg oder Lindau.

BAYERISCH AM BODENSEE

In Lindau stößt der Freistaat Bayern ans Schwäbische Meer, deutlich erkennbar am steinernen Löwen, der über der Hafeneinfahrt sitzt, und an den weiß-

Direkt am Hafen ist das Hotel „Bayerischer Hof" zu finden,
sicherlich Lindaus erstes Haus am Platz.

Zum Repertoire der Lindauer Marionettenoper gehört auch
der Ballettklassiker „Schwanensee".

Lauschig und romantisch: der Straßenzug In der Grub
zwischen Marktplatz und Peterskirche von Lindau

blauen Fahnen in den Biergärten. Auf der Insel mit ihren romantischen Gassen und lauschigen Innenhöfen fühlt man sich schnell in einer anderen Zeit. Das gotische Alte Rathaus, das Haus Zum Cavazzen am Marktplatz und die Peterskirche, das älteste Gotteshaus der Stadt, werden als Erinnerung abgelichtet, seit es Kameras gibt.

Danach drängt es die meisten Besucher zum Hafen, sei es zu einem Schiffsausflug angesichts der Sommerhitze in den engen Gassen oder für einen Kaffee auf der Seepromenade, bei dem man das Hafengeschehen gut im Blick hat. Oder aber zum erfrischenden Abtauchen im

IN LINDAUS GASTSTÄTTEN KOMMT REGIONALE KÜCHE AUF DEN TISCH — ALLGÄUER KÄSSPATZEN ZUM BEISPIEL.

traditionsreichen Römerbad gleich nebenan. Bereits seit 1839 dürfen hier „junge Leute vom Civilstande" und beiderlei Geschlechts zur körperlichen Ertüchtigung ins Bodenseewasser gleiten. Der Rückweg sollte über die Maximilianstraße führen, Lindaus Einkaufsmeile, an der sich die Patrizierhäuser reihen. Eines davon, der „Sünfzen", ist seit Jahrhunderten als gastliche Stätte bekannt. Hier kommt regionale Küche auf den Tisch – Kässpatzen nach Allgäuer Rezept zum Beispiel.

Auch wenn Lindau, Wasserburg und Nonnenhorn zu Bayern gehören, sind sie doch keine Bierhochburgen, sondern eine Gegend, in der junge Winzer kreative Weine machen. Rund um Nonnenhorn gibt es einige Rädlewirtschaften, die anderswo Besen- oder Straußwirtschaften heißen und wo man die guten Tropfen direkt verkosten kann. Fürs Bier sind in dieser Gegend eher die Schwaben in der Hopfenregion um Tettnang zuständig, in kleinen Brauereien, von denen einige bereits seit Generationen in Familienhand sind.

Die schönsten See-Blicke

WUNDERBARE AUSSICHTEN

Glitzerndes Wasser, strahlend blauer Himmel, schneebedeckte Gipfel am Horizont – so sieht er aus, der ideale Blick auf den Bodensee. Aber auch an weniger klaren Tagen, wenn vielleicht sogar Nebelschwaden über das Wasser ziehen, ist es traumhaft schön, auf den See zu schauen.

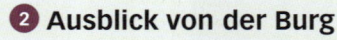

❶ Panorama vor der Kirche

Barocke Pracht mit einer Vielzahl fröhlicher Putti fasziniert die Besucher der Basilika Birnau. Für den See haben sie oft keinen Blick, wenn sie zur Kirche hinstreben. Dafür stockt ihnen an klaren Tagen der Atem, wenn sie aus der Basilika heraustreten und die unglaubliche Schönheit der Landschaft vor Augen haben, die wie ein riesiges Gemälde erscheint.

Basilika: Sommer 7.30 bis 18.00, Winter bis 17.00 Uhr; Basilika Birnau, Maurach 5, 88690 Uhldingen-Mühlhofen, www.birnau.de

❷ Ausblick von der Burg

Wer die Meersburg besucht, macht eine Zeitreise ins höfische Leben des Mittelalters. Im Schlossgarten taucht dann wieder die Gegenwart auf in Gestalt der weißen Flotte, die unten auf dem Bodensee ihre Spuren zieht. Der Blick von der Burgmauer aber bleibt märchenhaft schön. Wer die Burg nicht besuchen möchte, hat von der frei zugänglichen Terrasse des in direkter Nachbarschaft liegenden Neuen Schlosses ebenfalls beste Aussicht.

Burg: tgl. 9.00–18.30; Burg Meersburg, Schlossplatz 10, 88709 Meersburg, www.burg-meersburg.de; www.neues-schloss-meers burg.de

❸ Rundumsicht vom Turm

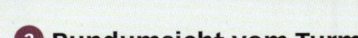

Über neun Etagen klettert man auf 22 Meter Höhe und wird dann mit einer 360-Grad-Sicht vom Feinsten belohnt. Der Aussichtsturm aus Stahl an der Hafenmole von Friedrichshafen gewährt Blicke auf die Stadt, das Hinterland, den See, und wenn es gut läuft, auf die Alpen. Rund um die Uhr. Ähnliche Sichtverhältnisse bietet der Neue Leuchtturm an der Hafeneinfahrt von Lindau, allerdings nur wenn das Wetter schön ist.

Der Aussichtsturm in Friedrichshafen, unweit vom Zeppelin-Museum, ist ganzjährig frei zugänglich. Der Neue Leuchtturm in Lindau ist zwischen April und Sept. bei gutem Wetter in der Regel von 11.00 bis 18.00 Uhr geöffnet.

⑤ Vogel- perspektive

Für nicht ganz Schwindel- freie ist es sicherlich eine Überwindung, den zwölf Meter langen Steg an der Karren-Kante bei Dornbirn zu betreten. Keine Frage, man ist absolut sicher dar- auf und man ist auch von festen Wänden umgeben, allerdings sind die aus Glas. Das gibt einem das atem- beraubende Gefühl, über der Landschaft zu schweben. Mit einem Foto, selbst ge- schossen oder mit Hilfe der installierten Kamera, kann man auch den Lieben da- heim den Atem rauben.

Seilbahn: tgl. 9.00/10.00 bis 22.00/23.00 Uhr; Dornbirner Seilbahn, Gütle- straße 6, A-6850 Dornbirn, www.karren.at

④ Blick nach Westen

Die Chance, einen Zeppelin in der Luft zu sehen, ist vom Pfänder (1064 m) aus besonders gut. Der Haus- berg der Bregenzer ist mit der Bahn schnell und leicht, zu Fuß etwas langsamer und mühsamer zu erreichen. Richtung Westen liegen einem die Halbinsel Lindau und der ganze See vor Augen, Richtung Osten die österreichischen Alpen.

Seilbahn: tgl. 8.00–19.00 Uhr, außer Nov.; Pfänderbahn, Steinbruch- gasse 4, A-6900 Bregenz, www.pfaenderbahn.at

⑥ Aussicht für Frühaufsteher

Je höher hinauf, desto grö- ßer wird der Überblick. Auf dem Säntis (2502 m) liegen einem schon ganz schön viele Gipfel zu Füßen. Was für ein unvergessliches Er- lebnis, wenn hinter diesen Bergspitzen die Sonne auf- geht! Zu sehen im Juli ab 5 Uhr, im August ab 6 Uhr bei den Sonnenaufgangs- fahrten der Säntisbahn. Langschläfer sollten sich ganzjährig die Vollmond- nächte vormerken.

Säntis Schwebebahn, CH-9107 Schwägalpe, www.saentisbahn.ch

⑦ Aus Kaisers Fenstern

Die Bonapartes zogen im 19. Jahrhundert bedeutende Persönlichkeiten an den Bodensee, nachdem sie die Domäne Arenenberg am Untersee erworben hatten. Heute kann man völlig un- bedeutend sein und den- noch den Blick aus den kaiserlichen Fenstern über den Bodensee schweifen lassen, hinüber zur Reiche- nau und zur Halbinsel Höri. Auch wenn das Schloss Winterpause hat, lohnt der Blick aus dem Park einen kleinen Umweg.

Schloss: April–Sept. tgl. 10.00–17.00; Febr., März, Okt.–Dez. Di.–So. 10.00 bis 17.00 Uhr Napoleonmuseum Thurgau, Schloss und Park Arenen- berg, CH-8268 Salenstein, www.napoleonmuseum.tg.ch

⑧ Weitblick

Ob die Teilnehmer des Kon- stanzer Konzils sich zwi- schendurch einen freien Kopf verschafften, indem sie die 193 Stufen zur Platt- form des Münsterturms erklommen oder gar nach weiteren 52 Stufen den Weitblick auf den Balkonen suchten? Ihr Sitzungssaal befand sich im Kirchen- schiff des Münsters, und da wäre so eine Pause mit Sicht auf den Bodensee und die Berge bestimmt nicht schlecht gewesen, um Klarheit in die Gedan- ken zu bringen. Im Sommer steht diese Möglichkeit heute jedem offen.

Karten am Verkaufsstand im Münster: April–Okt. Mo. bis Sa. 10.00–17.00, So. und kirchl. Fei. 12.30–17.30 Uhr

KÖNNER AM WERK

Am Nordufer des Obersees gibt es einfach alles: Weinberge, weltberühmten Hopfen, Obstplantagen, Schlösser und Hightech. 25 km des Ufers sind schwäbisch, weitere fünfzehn bayerisch, und ab Immenstaad ist man in Baden. Dennoch wird der Bodensee oftmals auch „Schwäbisches Meer" genannt.

❶ Immenstaad

Erste Siedlungsspuren finden sich aus der Bronzezeit. Vermutlich gründeten Alemannen (um 600) den kleinen Ort (6600 Einw.). 1094 erwähnt, wurde die Gemeinde 1806 badischer Grenzort. Wein- und Obstbau sowie Tourismus sind neben Unternehmen der Hochtechnologie die wichtigsten Wirtschaftszweige.

SEHENSWERT
Drei Schlösser bereichern das Ortsbild. Das dreiflügelige **Schloss Helmsdorf** beim Jachthafen war ab 1213 Sitz der Ritter von Helmsdorf, später Eigentum der Deutschordenskomturei Mainau (heute Restaurant, Ferienwohnungen). Aussichtsreich liegt **Schloss Hersberg** in den Weinbergen oberhalb des Ortes; 1550 als Adelssitz gebaut, ging Hersberg 1618 an die oberschwäbische Reichsabtei Ochsenhausen, deren Äbte es als Sommerresidenz nutzten; die dreiflügelige Anlage entstand 1658 (heute Bildungs- und Kulturzentrum). **Schloss Kirchberg**, 200 m vom See entfernt, wurde 1288 erwähnt, als es ans Kloster Salem kam (bis 1995, heute privat).

MUSEUM
Das **Heimatmuseum im Haus Montfort** zeigt Turmuhren, Alltagsgegenstände, Werkzeuge von Schustern, Sattlern, Küfern, Arztinstrumente und Dokumente zur Fastnacht (Montfortstr. 13, Kippenhausen, www.immenstaad-tourismus.de; Ostern bis Ende Sept. Sa./So./Fei. 12.00–14.00, 18.00–20.00 Uhr).

AKTIVITÄTEN
Die 17 m lange Lädine „St. Jodok" startet vom Landungssteg zu **Piratenfahrten** und anderen Rundfahrten über den Bodensee (Tel. 07551 91 69 04, www.laedine.de; Ostern–Mitte Okt.; Tickets direkt an Bord).
Schon mancher hat im **Abenteuerpark** seine Höhenangst unter sich gelassen – auf elf verschiedenen Kletterstrecken für Mutige ab 7 Jahren (Am Klötzenen Forst, Tel. 07545 94 94 62, www.abenteuerpark.com; April–Okt.).

HOTEL UND RESTAURANT
Moderne Apartments, eigener Jachthafen und Restaurant locken Genießer ins €€ **Schloss Helmsdorf** (Freizeitzentrum Schloss Helmsdorf, Schloss Helmsdorf 1, 88090 Immenstaad, Tel. 07545 62 52, www.schlosshelmsdorf.de).

Auf der Immenstaader Lädine „St. Jodok"; Friedrichshafen: Start mit dem Zeppelin NT; Statue vor dem Kultur- und Kongresszentrum Graf-Zeppelin-Haus

UMGEBUNG
In **Frenkenbach** (4 km nordw.) steht mit der romanischen Kirche St. Oswald und St. Otmar, dem wehrhaften „Frenkenbacher Münster", das älteste Gebäude der Gegend (12. Jh.).

INFORMATION
Tourist-Information, Dr.-Zimmermann-Str. 1, 88090 Immenstaad, Tel. 07545 2 01 37 00, www.immenstaad-tourismus.de

❷ Friedrichshafen

Die nach Konstanz zweitgrößte Bodenseestadt (61 000 Einw.) ist das Wirtschaftszentrum der Region. Als Freihafen und Warenumschlagplatz für den Handel mit der Schweiz sowie königlich-württembergische Sommerresidenz entwickelte sich die Stadt nach 1811 wirtschaftlich sehr schnell, auch dank der Eisenbahnanbindung (ab 1847). Seit 1869 verbindet eine Fährlinie die Stadt mit dem schweizerischen Romanshorn. Im Gefolge der Zeppelinwerft siedelten sich ab 1900 weitere bedeutende Industriebetriebe an.

SEHENSWERT
Auf einer kleinen Landspitze liegen **Schloss** und **Schlosskirche**. Als Klosterpriorat der Benediktiner von Weingarten 1654 gebaut, kam die 1806 säkularisierte Anlage in den Besitz des württembergischen Königshauses und ist seit 1918 Wohnsitz der württembergischen Herzogsfamilie. Die Türme der barocken Schlosskirche (1695–1701) sind Wahrzeichen der Stadt; innen gibt es Stuckarbeiten der Wessobrunner Schule (www.schlosskirche-fn.de; April–Okt. tgl. 9.00–18.00, Do. 11.00–18.00 Uhr). Über die **Uferpromenade** gelangt man zur Hafenmole mit dem 22 m hohen Aussichtsturm.

MUSEEN
Kernstück des **Zeppelinmuseums** im denkmalgeschützten ehem. Hafenbahnhof (Bauhaus-Architektur) sind die originalgetreu rekonstruierten, begehbaren Passagierräume des Luftschiffs LZ 129 „Hindenburg". Neben der weltgrößten Sammlung von Exponaten zur Luftschifffahrt zeigt das Museum auch Kunst des Bodenseeraums vom ausgehenden Mittelalter bis zur Neuzeit (Seestr. 22, www.zeppelin-museum.de;

Mai–Okt. tgl. 9.00–17.00, sonst Di.–So. ab 10.00 Uhr). Das 2013 als Teil des Zeppelinmuseums eröffnete **Schauhaus im Zeppelindorf** macht das Arbeiterleben Anfang des 20. Jh. erfahrbar (König-Wilhelm-Platz 12; Mai–Okt. Fr. 9.00 bis 17.00, sonst Di.–So. 10.00–17.00 Uhr, Führungen nach Voranm. Tel. 07541 38 01 25). Auch dem Flugpionier **Claude Dornier** und der Geschichte seiner Firma ist, am Flughafen, ein Museum gewidmet (Claude-Dornier-Platz 1, www.dorniermuseum.de; Mai–Okt. tgl. 10.00 bis 17.00, sonst Di.–So.).

In Klassenzimmern von 1850, 1900 und 1930 kann man im **Schulmuseum** die Bank drücken (Friedrichstr. 14, www.schulmuseum.friedrichs hafen.de; Juni–Okt. tgl. 10.00–17.00, Nov. bis März, April, Mai Di.–So. 10.00–17.00 Uhr).

UMGEBUNG

Das Wahrzeichen **Eriskirchs** (8 km südöstl.) ist die gotische Kirche Zu unserer lieben Frau (um 1400) mit Freskenzyklen. Wenn im Mai und Juni die sibirische Schwertlilie blüht, kleidet sich das **Eriskircher Ried** ganz in Blau. Das 552 ha große Naturschutzgebiet zwischen der Rottach- und der Schussen-Mündung ist Brut-, Rast- und Nahrungsraum für seltene Vogelarten (Naturschutzzentrum Eriskirch, Bahnhofstr. 24, www.naz-eriskirch.de; April–Sept. Di.–Do. 14.00–17.00, Fr. bis So., Fei. auch 10.00–13.00 Uhr, sonst kürzer). Eine Perle an der Oberschwäbischen Barockstraße ist die Barockkirche St. Martin (1722) am Marktplatz von **Langenargen,** zu dessen eindrucksvollsten Bauten das orientalisch angehauchte Schloss Montfort (1866) auf einer Landzunge gehört.

INFORMATION

Tourist-Information, Bahnhofplatz 2, 88045 Friedrichshafen, Tel. 07541 20 35 54 44, www.friedrichshafen.info

Tettnang: Schloss Montfort; Lindau: Mangturm am Hafen; Wasserburg: Kirche St. Georg

❸ Tettnang

Hier dreht sich alles um Hopfen und die Grafen von Montfort, ab 1246 Herren der Region. 882 erstmals erwähnt, erhielt Tettnang (19 000 Einw.) 1297 Markt- und Stadtrecht. 1780 wurde die Stadt österreichisch, 1805 bayerisch, bevor sie 1810 ans Haus Württemberg fiel.

SEHENSWERT

Am Bärenplatz stehen gleich drei historische **Gasthäuser:** der „Bären", die „Krone" und das „Rad". Das **Torschloss** ist Teil der von den Montforts ab 1330 erbauten Stadtbefestigung. Über die Montfortstraße geht es zum **Neuen Schloss** (1720/1755) mit über Eck gestellten Erkertürmen, das sich die Grafen als Residenz bauen ließen. Das **Alte Schloss** (1667) wurde Rathaus.

MUSEEN

Die Beletage des **Neuen Schlosses** kann mit Führung besichtigt werden (Montfortplatz 1, www.schloss-tettnang.de; April–Okt. tgl. 11.00 bis 17.00 Uhr). Stadtgeschichte zeigt das **Montfort-Museum** (Montfortstr. 43, www. tettnang.de; April–Okt. tgl. 14.00–18.00, Di. und Sa. ab 10.00 Uhr). In die Zeiten, als die Bilder laufen lernten, Musik erstmals aus dem Radio kam und Computer mit Lochkarten arbeiteten, versetzt das **Elektronikmuseum** im Torschloss (Monfortstr. 41, www.emuseum-tettnang.de; April–Okt. tgl. 14.00–18.00, Di. und Sa. ab 10.00 Uhr). Dem Hopfen ist auf dem **Hopfengut No 20** ein Museum mit Gaststätte gewidmet (Hopfengut 20, Tettnang-Siggenweiler, www.hopfen gut.de; Mai–Okt. Di.–So. 10.30–17.00, sonst Do.–So. 11.30–18.00 Uhr.); Ende Aug. bis Mitte Sept. kann man die Hopfenernte live erleben. Am Museum beginnt der **Hopfenpfad** (4 km).

AKTIVITÄTEN

Beim **Kaffeekränzle im Schloss** spaziert man durch die gräflichen Räume im Neuen Schloss und genießt anschließend an der Kaffeetafel einen Kuchen aus dem historischen Kochbuch der Montforts (Tel. 07542 51 05 00, www.schloss-tettnang.de).

Seit 1847, nun in der siebten Generation, brauen die Tauschers Tettnanger „Kronen-Bier". Bei einer **Brauereiführung** im letzten von einst 26 Betrieben im Hopfenanbaugebiet Tettnang erklärt der Braumeister die Produktion – frisch gezapfte Kostprobe inklusive (Bärenplatz 7, Tel. 07542 74 52, www.tettnanger-krone.de).

EINKAUFEN

Beim **Städtlesmarkt** gibt es in der Innenstadt nicht nur Obst und Gemüse vom Bauernhof, frischen Fisch aus dem Bodensee, Käse aus dem Allgäu und aus Vorarlberg, sondern auch Leckereien aus Italien und den Alpen (Montfortstraße; Sa. 7.00–13.00 Uhr). Beim **Wochenmarkt** werden vor allem regionale Produkte und Blumen angeboten (Montfortplatz vor dem Rathaus; Di. 8.00–13.00 Uhr).

INFORMATION

Tourist Information Tettnang, Montfortstr. 41, 88069 Tettnang, Tel. 07542 51 05 00, www.tettnang.de

❹ Lindau

Malerisch liegt die über Bahndamm und Autobrücke mit dem Festland verbundene Inselstadt (25 500 Einw.) im Bodensee, direkt an der Grenze zu Österreich. Die urspr. Fischersiedlung gehörte einst zu einem 9. Jh. gegründeten Damenstift und wurde im 13. Jh. zur Reichsstadt,

»DER SEE VERSTÄRKT ALLES. DAS TRÜBE VERSTÄRKT ER UND DAS SCHÖNE VERSTÄRKT ER.«

Martin Walser, 1927 in Wasserburg geboren

die ihren Wohlstand dem Handel verdankte. Das barocke Stadtbild entstand nach dem Stadtbrand von 1728. Bayerisch wurde Lindau 1805. Die Gewerbebereiche liegen heute auf dem Festland. Haupteinnahmequelle ist der Tourismus.

SEHENSWERT

Die Hafeneinfahrt mit dem **Neuen Leuchtturm** (36 m, 1856) und dem bayerischen Löwen gegenüber ist das Wahrzeichen der Stadt; von der Plattform des Turmes hat man eine gute Rundumsicht (s. S. 54). Im Zentrum der Altstadt liegt das **Alte Rathaus** (1422–1436) am Bismarckplatz, gotisch erbaut, während der Renaissance mit einem Stufengiebel verändert. In dem Haus mit der reich geschmückten Fassade fand 1496 ein Reichstag statt. Die **Maximilianstraße** mit den Patrizierhäusern aus dem 16. und 17. Jh. ist Einkaufsmeile. Am oberen **Schrannenplatz** steht mit der **Peterskirche** (Urspr. um 1000) Lindaus ältestes Gotteshaus; die Fresken der „Lindauer Passion" werden Hans Holbein d. Ä. zugeschrieben.

MUSEUM

Im barocken Bürgerhaus Zum Cavazzen (1729) mit schöner Bemalung und mediterran wirkendem Innenhof ist das **Stadtmuseum** untergebracht (zur Zeit wegen Sanierung geschl.). Das **Kunstmuseum** zeigt Kunst der Gegenwart (Maximilianstr. 52, www.kultur-lindau.de; April bis Sept. tgl. 10.00–18.00 Uhr).

AKTIVITÄTEN

„Zauberflöte", „Die Entführung aus dem Serail" oder „Hänsel und Gretel" – die **Lindauer Marionettenoper** im Stadttheater bringt große Opern auf die Bühne. Da das Theater nur rund 100 Plätze hat, sollte man rechtzeitig reservieren (Fischergasse 37, Tel. 08382 9 11 39 15, www.marionettenoper.de). In der **Spielbank Lindau** werden Roulette, Black Jack und Poker gespielt (www.spielbanken-bayern.de, tgl. 12.00–2.00 bzw. Fr. und Sa. bis 3.00, Automaten ab 12.00 Uhr).

UMGEBUNG

Die Seekirche St. Georg in **Wasserburg** (5 km westl.) ist von einem alten Pfarrfriedhof umgeben. Im benachbarten Museum im Malhaus (1597), das die Augsburger Kaufmannsfamilie Fugger als Gerichts- und Amtshaus erbauen ließ, kann man in die Vergangenheit der Halbinsel reisen (www.wasserburg-bodensee.de; Mai–Okt. Mi., Do., Fr., So. 10.30–12.30, Sa., So. 14.30–17.00 Uhr). Das nördl. gelegene Naturschutzgebiet **Mittelseemoos** (Schabhaldenweg) ist ein artenreiches Flachmoor mit seltenen Pflanzen und Vögeln.
In **Nonnenhorn,** der dritten bayerischen Gemeinde am See, spielt der Wein eine große Rolle und damit auch die Besenwirtschaften, die hier „Rädle" heißen. Sie haben nur wenige Wochen im Jahr geöffnet (s. S. 115).

INFORMATION
Lindau Tourismus und Kongress GmbH, Alfred-Nobel-Platz 1, 88131 Lindau, Tel. 08382 8 89 99 00, www.lindau.de

PICKNICK MIT SEE-BLICK

Nach einem Tag am See den Abend mit einem Picknick und einem guten Glas Wein im Weinberg ausklingen lassen? Oder mit einem Käsefondue am Seeufer? Alles möglich. Und alles ohne schlechtes Umwelt-Gewissen. Denn Picknick und Fondue werden im Rucksack mit Geschirr, Besteck, Gläsern und Decke serviert.

Zehn Minuten sind die Rebhänge und Obstwiesen von Entenberg, Hoyerberg und Ringoldsberg vom Bio-Weingut Haug in Lindau entfernt. Ein kleiner Spaziergang also, bevor man seine Picknickdecke ausbreiten und die Leckereien aus dem Rucksack holen kann. Aber vielleicht schaut man auch erst mal. Denn alle drei Hügel sind Plätze mit toller See-Sicht. Wer etwas mehr wandern möchte, kommt auf der Vier-Hügel-Tour an allen drei Erhebungen vorbei und „erklimmt" zudem noch den Taubenberg. Gleich, ob man den Picknickplatz direkt ansteuert oder erst noch wandert, im Rucksack ist alles drin, was man für eine aussichtsreiche Pause braucht. Wer es klassisch mag, bekommt Käse und Wurst, die Vegetarier erhalten Käse, Antipasti und Couscous-Salat und im Familienrucksack ist für jeden etwas dabei, auch ein Nachtisch. Gemüse, Brot, Wein und Wasser gehören immer dazu.

Ein Picknick in freier Natur ist wunderbar – der Picknick-Rucksack macht's möglich.

Etwas mehr Vorbereitung braucht das Käsefondue, das man im Fonduerucksack in Rorschach bekommen kann. Wenn man sein Plätzchen am Seeufer gefunden hat, muss erst noch „gekocht" werden. Also Caquelon und Réchaud auspacken, Käsemischung erhitzen, dabei gleichmäßig rühren und vielleicht schon ein Gläschen Wein mit Blick über den See genießen. Und dann geht's los: Brotstückchen aufspießen, durch den Käse ziehen und genießen.

Bestellung **Picknick-Rucksack** telefonisch oder per E-Mail beim Wein- und Obstgut Haug, Kellereiweg 19, 88131 Lindau, Tel. 08382 54 66, E-Mail: info@weingut-haug.de; www.weingut-haug.de. Der Rucksack kann Do. und Fr. von 16.00–19.00, Sa. von 9.00–12.00 und So. von 10.00–11.00 Uhr abgeholt werden, Rückgabe spätestens am Folgetag bis 9.00 Uhr.

Den **Fondue-Rucksack** bucht man über www.st-gallen-bodensee.ch. Er kann Mo.–Sa. bestellt werden.

Österreichisches Ufer

*

EIN STÜCK ÖSTERREICH

*

Wie ein Schaufenster Österreichs liegt Bregenz am Ostufer des Bodensees. Der Stadt bleibt wenig Platz, um ihre Schätze zu präsentieren. Direkt neben der Kultur beansprucht die Natur ihren Platz, im bedeutenden Vogelschutzgebiet des Rheindeltas. Hinter der Festspielstadt liegt das Rheintal – und Liechtenstein ist nah.

Mit herrlichem Blick: Auf dem Fischersteg lässt sich der Spaziergang entlang der Bregenzer Uferpromenade angenehm unterbrechen.

Mit überraschenden Details faszinieren die Aufführungen
auf der Bregenzer Seebühne.

Eine Großskulptur: der gläserne Kubus
des Bregenzer Kunsthauses

Die Bühnenbilder der Bregenzer Festspiele sind allein schon
eine Reise wert – hier bei Mozarts „Zauberflöte".

Der Martinsturm, Wahrzeichen und Teil der Stadtmauer um die Bregenzer Oberstadt

„Ohne Frauen läuft nichts", so lautet das Motto des Bodensee-Frauenlaufs Ende Mai von Lochau über die Uferpromenade nach Bregenz.

SPEKTAKULÄRE BÜHNENBILDER GEHÖREN SEIT JEHER ZUM »SPIEL AUF DEM SEE« IN BREGENZ.

Erstaunlich, was die Österreicher mit ihrem sowieso schon kleinen Bodenseeufer in den 1960er-Jahren vorhatten. Neben die Eisenbahntrasse, die seit Beginn des 20. Jahrhunderts bereits am Ufer entlangführte, wollten sie auch noch eine Autobahn legen. Aber das war den Bregenzern dann doch zu viel. Bei einer Volksbefragung im Jahr 1960 sagten neunzig Prozent Nein zu den Plänen. Und als die Bürger 1969 nochmals nachdrücklich protestierten, gaben die Politiker endgültig nach. Heute führt die Autobahn durch den Pfändertunnel, und die Seeanlagen wurden 2010 so umgebaut, dass Gäste und Einheimische dort gern spazieren gehen oder sich in eines der Cafés setzen, um die Möwen und die Schiffe der Weißen Flotte zu beobachten.

KUBUS FÜR DIE KUNST

Aber es lohnt sich auch, dem See den Rücken zuzuwenden. Jenseits der Seestraße steht eines der herausragenden Museen für zeitgenössische Kunst in Europa. Aus Glas, Stahl und Beton wurde ein Solitär für die Kunst geschaffen. Die Fassade spiegelt den See und den Himmel – unterschiedlich zu jeder Tages- oder Jahreszeit, sodass die einen von einem grünen, die anderen von einem schwarzen Kubus sprechen, je nachdem

wann sie eben da waren. Seit 1997 zeigt das Kunsthaus Bregenz vor allem Werke zeitgenössischer österreichischer Künstler. Ein Bezug zum Land, den auch das 2013 neu eröffnete Vorarlberg-Museum immer wieder betont. Mit einem klar strukturierten Neubau, auf dessen Fassade Betonblüten blühen, setzt das Museum ein Gegengewicht zum Kunsthaus und führt gleichzeitig in die Stadt hinein. Direkt hinter dem Museum liegt der Kornmarkt, ein guter Ausgangspunkt für einen Altstadtbummel. Auch wenn es etwas mühsam erscheint – den Stadtsteig in die Oberstadt sollte man auf alle Fälle begehen. Hinter dem Unteren Tor beginnt eine andere Welt. So lebhaft es in der Unterstadt ist, hier in der Oberstadt herrscht Ruhe. Genau richtig für die zahlreichen Künstler vor ihren Staffeleien, um die romantischen Motive festzuhalten.

BOND IM FESTSPIELHAUS

Weniger romantisch, eher gigantisch nehmen sich die Kulissen auf der Seebühne der Festspiele aus. Spektakuläre Bühnenbilder gehören seit jeher zu den Bregenzer Inszenierungen – 2008 schafften es die Kulissen zu „Tosca" sogar in den James-Bond-Film „Ein Quantum Trost". Zehn Tage lang drehte das Team vor Ort, für siebeneinhalb Minuten Film.

Mit der Pfänderbahn geht es bequem hinauf auf den Hausberg von Bregenz, und das seit neunzig Jahren. Die Szene darunter gehört der Vergangenheit an: Die Adlerwarte auf dem Pfänder wurde geschlossen und zeigt jetzt jeden Sommer Kunstausstellungen.

Nach einem gewaltigen Bergsturz 2011 in der Rappenlochschlucht bei Dornbirn – einer der größten Schluchten Mitteleuropas – bieten seit 2013 neue Steige eindrucksvolle Blicke in die Tiefe.

Die Feldkircher Marktgasse gilt als Herz der Stadt. Hier lässt sich nicht nur bummeln und einkaufen, hier finden seit jeher auch Wochenmärkte, Weinfeste und Brauchtumsveranstaltungen statt.

Leider ist das „Spiel auf dem See" nicht immer wettersicher. Dass es 2013 keine einzige Absage wegen Regens gab, kennzeichnete die Saison als absolute Ausnahme. Regelmäßige Festspielgäste wissen auch, dass es auf der Tribüne unter Umständen empfindlich kühl sein kann. Dennoch lassen sich jedes Jahr von Neuem rund 250 000 Besucher gern auf dieses Risiko ein.

DEN ÜBERBLICK BEWAHREN

Das alles sieht man sich am besten noch mal von oben an. In nur sechs Minuten schweben die Kabinen der Pfänderbahn auf den 1064 Meter hohen Hausberg der Bregenzer. Bei guter Sicht sind die meis-

ten Gipfelstürmer erst einmal sprachlos angesichts der Weite des Sees und der 240 Alpengipfel rundum. In der Ferne lassen sich das Rheintal und die Mündung des Flusses in den See erkennen. Insgesamt 235 Bäche und Flüsse fließen in den Bodensee – keiner bringt so viel Wasser mit wie der Rhein. Aber auch keiner so viel Sand, Kies und Schotter. Über drei Millionen Kubikmeter Sedimente lagert der Alpenrhein hier jährlich ab. Bis zum Beginn des 20. Jahrhunderts floss er noch als Grenze zur Schweiz in den See. Aber nach vermehrten Überschwemmungen entschlossen sich beide Anrainerstaaten, den Flusslauf um zehn Kilometer zu verkürzen,

um das Gefälle und damit die Schubkraft des Wassers zu erhöhen. Seither ist der Rhein in diesem letzten Abschnitt komplett österreichisch. Das Areal zwischen altem und neuem Rhein haben Hunderte, zum Teil sehr seltene Vogelarten erobert, die hier brüten oder sich auf ihrem Zug über die Alpen ausruhen.

STRUKTURWANDEL IM RHEINTAL

Neunzig Kilometer legt der Rhein auf seinem Weg vom Quellgebiet im schweizerischen Graubünden bis zum Bodensee zurück, auf dem letzten Abschnitt in einem fast zehn Kilometer breiten Tal, einem der am dichtesten besiedelten Gebiete Österreichs. Allein zwischen Bre-

Aus einem mittelalterlichen Wehrbau wurde über die Jahrhunderte ein wohnliches Schloss.
Seit 1939 ist Schloss Vaduz Domizil der fürstlichen Familie.

Das Rote Haus in Vaduz, samt Wohnturm und Torkel, hatte im Lauf der Jahrhunderte
verschiedene Besitzer, darunter das Kloster St. Johann im Kanton St. Gallen.

Liechtensteins Hauptort Vaduz zeigt eine Mischung aus Tradition und Moderne. 2002 konnte die Centrum Bank ihre neuen Räume beziehen (oben). Wie aus Holz errichtet, wirkt das Landtagsgebäude (unten links) als reizvoller Kontrast zum alten Regierungsgebäude (unten rechts).

genz und Dornbirn wohnt etwa die Hälfte aller Vorarlberger. Sie leben weniger vom Tourismus als von metall-verarbeitenden Betrieben und von der Hochtechnologie. Seit dem Ende des 18. Jahrhunderts bestimmte eine florierende Textilindustrie das wirtschaftliche Geschehen. Doch in den 1970er-Jahren konnten die kleinen und mittleren Betriebe auf dem internationalen Markt nicht mehr mithalten. Zwischenzeitlich haben sich Maschinen- und Stahlbau, Elektro- und chemische Industrie angesiedelt, alle spezialisiert und mit durchschnittlich einem Dutzend Beschäftigten ähnlich kleinteilig organisiert wie früher die Familienbetriebe im Textilbereich.

Aber nicht alle ehemaligen Fabriken wurden in neue Betriebe umgewandelt. Manche bekamen eine neue Nutzung, zum Beispiel das „Gütle" bei Dornbirn. Mit 11 000 Spindeln eröffnete dort 1864 Franz Martin Hämmerle eine Spinnerei, die sich gut entwickelte. 1890 wurde sogar ein eigener Stausee angelegt, um Strom für die Fabrik zu produzieren – der Staufensee zwischen der Rappen-loch- und der Alplochschlucht. Hundert Jahre später war dennoch Schluss. Was auf 3500 Quadratmeter Ausstellungsfläche Platz schuf für die unzähligen Edellimousinen des Rolls-Royce-Museums und für 120 Krippen aus aller Welt im benachbarten Krippenmuseum.

WICHTIGER HANDELSPLATZ

Eine ähnliche Entwicklung ist der alten Handelsstadt Feldkirch widerfahren. Die mittelalterlichen Laubengänge an der Marktgasse erinnern daran, dass die Stadt einst ein wichtiger Handelsplatz war. Heute sind es auch hier die kleinen, innovativen Betriebe, die den Wirtschaftsstandort prägen. Und Feldkirch ist nach wie vor Einkaufsstadt, mit einem großen Einzugsgebiet bis ins Fürstentum Liechtenstein – obwohl sich das Fürstentum 1923 von Österreich löste und per Zollvertrag der Schweiz zuwandte, weshalb der Schweizer Franken auch die offizielle Währung ist. Man kann aber genauso gut in Euro bezahlen,

Liechtenstein ist nicht nur Finanzwesen, es zeigt auch weite alpine Landschaften.

Am Staatsfeiertag wird geflaggt – bis in die hintersten Winkel Liechtensteins.

Einen ungewöhnlichen Anblick bieten die Lamas vom Hof Triesenberg, hoch oben bei Malbun.

Staatsfeiertag im Rosengarten vor den ältesten Gebäudeteilen von Schloss Vaduz.

schließlich zählt die konstitutionelle Erbmonarchie dazu, wenn von der Vier-Länder-Region Bodensee die Rede ist, obwohl sie ja nun wirklich nicht am See liegt. Mehr als 4000 Unternehmen sind in dem kleinen Land aktiv, sechzig Prozent im Dienstleistungssektor, und das sind vor allem Banken.

GEHEIMTIPP FÜR SKIFAHRER

Aber Liechtenstein ist mehr als ein attraktiver Finanzplatz – es ist auch ein guter Urlaubsort. Als Wintertipp gilt die 1600 Meter hoch gelegene Gemeinde Malbun. Von der Trainingspiste bis zu anspruchsvollen Abfahrten ist für jeden

LIECHTENSTEIN IST MEHR ALS EIN ATTRAKTIVER FINANZPLATZ — ES IST AUCH EIN GUTER URLAUBSORT.

etwas dabei. Die Bergbahn fährt sommers wie winters, denn die Liechtensteiner wandern auch gern. Wo sonst kann man bei einer lediglich viertägigen Tour sämtliche Berghütten eines Landes kennenlernen?

Was es allerdings nicht gibt im Fürstentum, ist ein Flugplatz oder eine Autobahn. Dafür hat man eine eigene Universität. Und den Architekturstudenten bieten sich im „Städtle", wie die Hauptstraße in Vaduz heißt, gleich zwei spektakuläre Anschauungsobjekte. Zum einen das Landtagsgebäude mit dem spitzgiebeligen Hohen Haus und den Abgeordnetenbüros, errichtet aus einer Million Ziegelsteinen, die aus der Ferne wie Holz wirken. Zum anderen fällt das Kunstmuseum auf, ein Milleniumsgeschenk privater Stifter an das Land Liechtenstein. Die Sammlung moderner und zeitgenössischer Kunst ist in einem Quader aus schwarz eingefärbtem Zement mit eingeschlossenen Flusskieseln und schwarzem Basaltstein untergebracht. Innen wird die Kunst dagegen an weißen Wänden präsentiert.

VOM SEE HINAUF ZUM FÜRSTEN

Am 28 km langen österreichischen Bodenseeufer nehmen Bregenz und das Rheindelta den meisten Platz ein. Das Rheintal dahinter ist eines der am dichtesten besiedelten Gebiete Österreichs. Der Weg führt über Dornbirn und Feldkirch direkt ins feine Fürstentum Liechtenstein.

❶ Bregenz

Die Landeshauptstadt Vorarlbergs (30 000 Einw.) gilt als Kulturhauptstadt am Bodensee. 15 v. Chr. kamen die Römer und bauten das keltische Brigantion zu einer Stadt mit 9 m breiter Hauptstraße aus. Um 1250 gründeten die Grafen von Montfort die Stadt neu. 1330 erhielt Bregenz zwar Marktrecht, konnte sich aber gegen das übermächtige Lindau nicht behaupten, sodass im Mittelalter Landwirtschaft und Weinbau die bedeutendsten Erwerbszweige blieben. Im 19. Jh. setzte sich Bregenz gegen Feldkirch als Tagungsort des Landesparlaments durch und wurde 1923 Landeshauptstadt. Im 19. und 20. Jh. brachte u. a. die Textilindustrie wirtschaftliche Bedeutung. Berühmt ist die Stadt für ihre Festspiele alljährlich im Hochsommer.

Naturschutzgebiet Fußacher Bucht; Badespaß in der Mili

Tipp

Kultur unter Kirchenkuppel

....

Wem der ganze Rummel am See und auf dem Pfänder zu viel wird, findet in der Vorarlberger Landesbibliothek und drumherum einen Ort der Ruhe und Erhabenheit, im wahrsten Sinne des Wortes. Man muss nämlich hochsteigen zu der ehemaligen Stiftskirche des Benediktinerstifts St. Gallus, die Anfang der 1990er-Jahre in eine Bibliothek umgebaut wurde. Rund 20 Minuten dauert das vom Seeufer aus, aber dann blickt man gelassen über den See und das touristische Treiben hinweg. Oder man zieht sich in den prachtvollen Kuppelsaal zurück und liest ein wenig. Wer Glück hat, kann an einem Abend eine Lesung oder ein Konzert unter der eindrucksvollen Kuppel hören.
Mo.–Fr. 9.00–18.30, Sa. bis 13.00 Uhr; Fluher Straße 4, Bregenz, Tel. 0043 5574 51 14 40 05, https://vlb.vorarlberg.at

SEHENSWERT

Bregenz teilt sich in die moderne Unterstadt und die noch mittelalterlich anmutende enge Oberstadt. Blickfang am Seeufer ist der Glaskubus des **Kunsthauses KUB** (1997) vom Schweizer Architekten Peter Zumthor. Zwei Häuser weiter liegt das **Vorarlberg Museum** (2013) am Weg in die Innenstadt, zum neu gestalteten Kornmarkt. Durch die Fußgängerzone geht es zur Kirchstr. 29, dem mit 57 cm Fassadenbreite wohl schmalsten Haus Europas. Über den Stadtsteg erobert man die hoch gelegene **Oberstadt** mit **Martinsturm** (14.–16. Jh.), barockem **Deuring Schlössle** (1690) und dem Fachwerkbau des **Alten Rathauses** (1662). Zurück am Seeufer, führt ein Spaziergang von der **Bregenzer Seebühne** über das Casino und den Hafen bis zur **Mili,** der aus dem 19. Jh. stammenden ehem. Militärbadeanstalt.

MUSEEN

Das Gebäude des **Kunsthauses Bregenz TOPZIEL** ist für sich schon ein Kunstwerk; es bietet viel Raum für zeitgenössische Kunst (Karl-Tizian-Platz, www.kunsthaus-bregenz.at; Di.–So. 10.00 bis 18.00, Do. bis 19.00 Uhr). Das neu konzipierte **Vorarlberg Museum** zeigt auf moderne Weise Exponate aus Archäologie, Geschichte, Kunst-

geschichte und Volkskunde (Kornmarktplatz 1, www.vorarlbergmuseum.at; Di.–So. 10.00 bis 18.00 Uhr). Der **Martinsturm** mit seinen mittelalterlichen Fresken ist zugleich geschichtlicher Ausstellungsraum (Oberstadt, Martinsgasse 3b, Tel. 0043 5574 4 10 15 60; Mai–Okt. Di.–So. 10.00–18.00 Uhr).

AKTIVITÄTEN

Auf der Seebühne der **Bregenzer Festspiele TOPZIEL** neben dem Festspielhaus stehen monumentale Bühnenbauten, die auch im Winter zu besichtigen sind. Während der Festspielzeit Mitte Juli bis Mitte Aug. ermöglichen mehrmals tgl. Führungen einen Blick hinter die Kulissen (www.bregenzerfestspiele.com).
Über die Zeiten des Linienverkehrs zwischen Ostern und Okt. hinaus bietet die österreichische **Bodensee-Schifffahrt** Kreuzfahrten an (www.vorarlberg-lines.at).

EINKAUFEN

Seit 1950 produziert **Wolford** Strümpfe und Wäsche der Spitzenklasse in Bregenz. In der Boutique in der Wolfordstraße 1 wird die aktuelle Kollektion angeboten, im Factory Outlet in der Wolfordstraße 2 Günstiges aus der Vorsaison (Mo.–Fr. 9.00–19.30, Sa. bis 17.00 Uhr).

AKTIVITÄTEN

Das Seeufer lädt zum **Spazieren und Walken** ein. Baden kann man ganzjährig im **Strand- und Hallenbad** neben dem Festspielhaus (Strandweg 1, www.stadtwerke-bregenz.at; Strandbad Mai–Sept. meist ab 9.00, Hallenbad bei schlechtem Wetter sowie Sept.–April Di.–Fr. 9.00–21.00, Sa. bis 19.00, So./Fei. 10.00–19.00 Uhr). In der Bregenzer Bucht steht jenseits des Hafens das **Nostalgiebad Mili** auf Holzpfählen im Wasser (Reichsstr. Höhe Kiosk, www.stadtwerke-bregenz.at; Mai–Sept. Kernzeit tgl. 11.00–18.00 Uhr).

UMGEBUNG

Auf dem **Pfänder TOPZIEL** (1064 m) hat man nicht nur ein einzigartiges Bodenseepanorama vor sich, sondern im Alpenwildpark auch Steinböcke, Mufflons und andere Tiere um sich. Vom Spaziergang bis zur Tagestour gibt es viele Routen (www.pfaender.at). Oben ist man am schnellsten mit der Pfänderbahn (Steinbruchgasse 4, Tel. 0043 5574 42 16 00, www.pfaenderbahn.at; Dez.–Okt. tgl. 8.00–19.00 Uhr).

INFORMATION

Bregenz Tourismus und Stadtmarketing, Rathausstr. 35 a, A-6900 Bregenz, Tel. 0043 5574 4 95 90, www.bregenz.travel

② Dornbirn

Mit Aufblühen der Textilindustrie im 19. Jh. gewann die größte Stadt Vorarlbergs (50 000 Einw.)

Tipp

Ins Kaffeehaus

Wiener Kaffeehauskultur ist auch im Vorarlberger Feldkirch zu finden. Klassische Mehlspeisen, hausgemachte Pralinen, kleine Mittagessen oder ein gutes Glas Wein – das „Zanona" ist auf alle Kundenwünsche vorbereitet. Die Zeitung hängt in greifbarer Nähe, schwere Ledersessel laden zum Verweilen ein, Kaffee gibt es in zahlreichen Varianten.

Mo. 8.00–20.00, Di.–Fr. bis 24.00, Sa. bis 17.00 Uhr; Montfortgasse 3, Feldkirch, Tel. 0043 5522 7 36 35, www.zanona.at

Alplochschlucht; Rolls-Royce-Museum Dornbirn

an Bedeutung und ist bis heute die Wirtschaftshochburg Vorarlbergs geblieben, auch als bedeutender Messestandort. 895 erwähnt, wechselten die Machthaber häufig, bis die Grafen von Ems Mitte des 15. Jh. die Herrschaft übernahmen. 1901 wurde Dornbirn Stadt. 1994 wurde die Fachhochschule Vorarlberg gegründet.

MUSEEN

Eine „Spurensuche" bietet das **Stadtmuseum** an, da nur wenig aus der Stadtgeschichte erhalten ist; umfangreich sind dagegen die Zeugnisse zur Textilgeschichte (Marktplatz 11, www.stadtmuseum.dornbirn.at; Di.–So. 10.00–17.00 Uhr). Die Erlebnisausstellung **inatura** gibt beeindruckende Einblicke in physikalische Phänomene sowie Lebensräume von Tieren und Pflanzen (Jahngasse 9, www.inatura.at; tgl. 10.00–18.00 Uhr). Nebenan zeigt der **Kunstraum** in einer ehem. Montagehalle zeitgenössische Werke (Jahngasse 9, www.kunstraum dornbirn.at; tgl. 10.00–18.00 Uhr).

UMGEBUNG

Mit der Seilbahn geht es auf den Hausberg **Karren** (976 m) – um die Aussicht zu genießen, gut zu essen oder zu wandern (Gütlestr. 6, Tel. 0043 5572 2 21 40, www.karren.at; Mo.–Sa. 9.00 bis 23.00, So. bis 22.00 Uhr).
Am Gütle (5 km südöstl.) ist der Einstieg in die eindrucksvolle **Rappenlochschlucht TOPZIEL**, an deren Felswänden Besucher sehr gut die gefalteten Gesteinsschichten der Alpen erkennen können. Auf gesicherten Steigen geht es an Wasserfällen und Strudeltöpfen vorbei. Nach einer halben Stunde erreicht man den Staufensee und kann in die **Alplochschlucht** einsteigen (Ende April–Mitte Nov. ganztägig, geführte Wanderungen Juli/Aug. Do. 10.30 Uhr).
Am Beginn der Rappenlochschlucht liegt das **Rolls-Royce-Museum** (Gütle 10, www.rolls-royce-museum.at; März–Nov. Di.–So. 10.00 bis 18.00 Uhr). Im benachbarten **Krippenmuseum** stehen rund 120 Ausstellungsstücke aus der ganzen Welt (Gütle 11 c, www.krippenmuseum-dornbirn.at; Mai–Anf. Jan. Di.–So. 10.00–17.00 Uhr).

INFORMATION

Dornbirn Tourismus und Stadtmarketing, Rathausplatz 1 a, A-6850 Dornbirn, Tel. 0043 5572 2 21 88, www.dornbirn.info

③ Feldkirch

Die heimliche Hauptstadt Vorarlbergs (34 000 Einw.) ist Heimat zahlreicher Institutionen wie dem Landeskonservatorium oder der Pädagogischen Hochschule. Feldkirch ist zudem Bischofssitz. Die 1218 erwähnte Stadt der Grafen Montfort hat römische Wurzeln und kam 1375 an die Habsburger. Handel über die Alpen war die Basis des jahrhundertelangen Wohlstands.

SEHENSWERT

Die mittelalterliche **Altstadt** ist bestens erhalten. Der **Katzenturm**, Zugang zur Stadt vom Busbahnhof aus, ist Teil der Stadtbefestigung (um 1500); „Katzen" sind in diesem Fall Kanonen. Über den Hirschgraben kommt man zum **Churer- und Salztor** (1491) mit sechsstöckigem Turm. Über die Montfortgasse geht es zum **Pulverturm** (1460) und weiter nach links zum Leonhardsplatz. Mittelalterliche Pracht mit Laubengängen, Patrizierhäusern und teils gotischen Erkern lädt zum Bummeln in der **Marktgasse** ein. Über Kreuz- und Herrengasse geht es zum prächtig ausgestatteten **Dom St. Nikolaus** (15. Jh.) und über den Domplatz zum **Rathaus** (urspr. 1493) mit Fresken zur Stadthistorie. Über allem thront die **Schattenburg** (urspr. um 1260), einst Sitz der Grafen von Montfort.

MUSEEN

Wohnräume aus früheren Jahrhunderten, sakrale Kunst und eine große Waffensammlung zeigt das **Museum in der Schattenburg** (www.schattenburg.at; April–Okt. Mo.–Fr. 9.00–17.00, Sa./So./Fei. ab 10.00, sonst Di.–Fr. 13.30–16.00, Sa./So./Fei. ab 11.00 Uhr). 240 Schützenscheiben aus 650 Jahren hat die Hauptschützengilde Feldkirch in der **Wirtschaft Zum Schützenhaus** versammelt (Göfiser Str. 2, www.hsg-feldkirch.at; Mo., Do., Fr. ab 17.00, Sa./So./Fei. ab 11.30 Uhr).

AKTIVITÄTEN

Luchs, Fuchs und Murmeltier sind einige von 18 Tierarten, die im **Wildpark Feldkirch** leben; neben dem Wildpark wurde ein Waldlehrpfad angelegt (Ardetzenweg 20, www.wildpark-feldkirch.at; frei zugänglich).

INFORMATION
Tourismus- und Kartenbüro Feldkirch,
Montforthaus, Montfortplatz 1,
A-6800 Feldkirch, Tel. 0043 5522 90 09,
www.feldkirch.travel

❹ Liechtenstein

Zum Kleinstaat mitten in Europa (38 500 Einw.)
gehören elf Gemeinden. In der Hauptstadt Vaduz
liegt die Residenz des Fürsten, sitzen Regierung
und Landtag sowie die Universität für 800 Stu-
dierende. Zu Römerzeiten führte eine wichtige
Heerstraße den Rhein entlang durch die Region.
Unterschiedliche Herrschaftsgebiete wurden
1719 zum Reichsfürstentum Liechtenstein ver-
einigt; seit 1923 besteht eine Zollunion mit der
Schweiz. Das Ländchen ist heute eine „konstitutionelle Erbmonarchie auf demokratisch-par-
lamentarischer Grundlage". Seit 2004 regiert
Erbprinz Alois (geb. 1968) das Fürstentum.

SEHENSWERT
Neues Wahrzeichen von **Vaduz** ist seit 2008
das moderne **Landtagsgebäude**, das an ganz
archaische Aufgaben eines Hauses als Obdach
erinnert. Neubarock zeigt sich das benachbarte
Regierungsgebäude (1905). Über allem ragt
seit über 800 Jahren das wehrhaft wirkende
Schloss Vaduz auf, das 1939 Wohnsitz der
Fürstenfamilie wurde.

MUSEEN
In einem schwarzen Kubus präsentiert das
Kunstmuseum Zeitgenössisches, aber auch
Alte Meister aus der fürstlichen Sammlung
(Städtle 32, www.kunstmuseum.li; Di.–So. 10.00
bis 17.00, Do. bis 20.00 Uhr). Das **Landemu-
seum** ist der Geschichte Liechtensteins verpflichtet, im angeschlossenen **Postmuseum**
findet sich eine Sammlung der seit 1912 her-
ausgegebenen Briefmarken (Landesmuseum,
Städtle 43, Tel. www.landesmuseum.li; Di.–So.
10.00–17.00, Mi. bis 20.00 Uhr; Postmuseum,
Städtle 37, tgl. 10.00–17.00 Uhr).

VERANSTALTUNGEN
Um den **Nationalfeiertag** am 15. Aug. bietet
die **Fürstenwoche** vielerlei Attraktionen, von
Wanderungen über Genuss bis zum Feuerwerk.

SPORT
Liechtenstein hat Routen für **Wanderer** und
Mountainbiker. Malbun (1602 m), der **Winter-
sportort** des Landes, bietet 23 km Pisten.

RESTAURANT
Kässpätzle schmecken in der €€ **Wirtschaft
Zum Löwen** besonders gut, aber auch alles
andere ist lecker in der urigen Gaststube oder
im Garten mit Alpstein-Blick (Winkel 5, Schel-
lenberg, Tel. 00423 373 11 62, www.loewen.li;
Mi./Do. Ruhetag).

INFORMATION
Liechtenstein Center, Städtle 39,
FL-9490 Vaduz, Tel. 00423 239 63 63,
www.tourismus.li

PARADIES FÜR VOGELFREUNDE

Das Rheindelta zwischen der Schweizer Grenze und dem
österreichischen Hard ist eines der bedeutendsten Vogelschutz-
gebiete Europas. Bei einer Wanderung kann man hier einen Gelb-
spötter, Wendehals oder eine Zitronenstelze treffen.

Mehr als 370 Vogelarten lassen sich im Laufe eines Jahres
im Rheindelta nieder. Manche machen nur kurz Rast auf ihrem
Weg in den Süden oder am Alpennordkamm entlang, andere brüten in den Flachwasserzonen oder auf den Schwemmlandinseln
und ziehen hier ihre Jungen auf. Anfang des 20. Jahrhunderts wäre
das noch nicht möglich gewesen. Da streiften die Fischer durchs
Gelände, um die Nester ihrer gefiederten Konkurrenz auszuheben.
Doch mittlerweile ist die Vogelwelt ebenso geschützt wie auch
die 600 unterschiedlichen Pflanzen, die 160 Wildbienenarten und
die vierzig verschiedenen Libellen im Delta. Dazwischen stehen
immer wieder frei weidende Rinder, die dafür sorgen, dass das
Gebiet nicht verwaldet.

Damit der Bodensee nicht langsam verlandet, holen Bagger
Geröll und Schlick aus der geraden Bahn, die man um 1900 zwischen Hard und Fußach für den Rhein angelegt hat, um Überschwemmungen zu vermeiden. Mit Erfolg. Aber der Rhein bringt
nicht nur das meiste Wasser in den See, sondern auch die meisten
Steine. Rechts und links des gezähmten Flusses kann man deshalb
auf einem Damm weit in den Bodensee hineinwandern.

Im **Rheindeltahaus** informiert der Naturschutzverein Rheindelta
über Flora und Fauna; er bietet auch geführte Wanderungen an.
April–Okt. Sa./So. 11.00–17.00 Uhr; Im Böschen, A-6971 Hard,
Tel. 0043 5578 7 44 78, www.rheindelta.com

Ab dem **Parkplatz Rheinholz** führt ein Weg entlang dem Alten
Rhein bis zur Spitze der Landzunge (hin und zurück insgesamt 5 km).

Die **Fernwanderwege** 4 und 5, der **Bodensee-Rundweg** und der
Bodensee-Radweg führen auf 8 km am Delta entlang.

Swiss Science Center Technorama

Erleben Sie die Faszination von Naturphänomenen, lassen sich von ihrer Schönheit berühren und meistern Sie eine Vielfalt von spannenden und anregenden Herausforderungen. Anders als in einem Museum dürfen Sie im Technorama alles anfassen und damit spielen. Es ist eines der grössten Science Center in Europa und bietet mit seiner einzigartigen Vielfalt an Experimentierstationen im Haus und im neuen Sektor "Technorama Draussen" schier unendliche Möglichkeiten, Wissenschaft spielerisch und lehrreich zugleich zu erleben.

Folgen Sie einfach Ihrem Bauchgefühl.

Winterthur, Schweiz
www.technorama.ch

schweizer Ufer

*

REISE NACH MOSTINDIEN

*

Mostindien? Klingt nicht allzu schmeichelhaft. Die Thurgauer nehmen es allerdings mit Humor, dass die Innerschweizer ihren Kanton so nennen. Schließlich leben sie sehr gut zwischen Obstplantagen und Weinbergen. Und dank guter Verkehrsanbindung arbeiten die meisten in Industrieunternehmen, die sich am schweizerischen Ufer des Bodensees niedergelassen haben.

Vom Turm der Reformierten Kirche geht der Blick auf das Zentrum Heidens rund um den Kirchplatz.

Mann und Tier herausgeputzt zur alljährlichen Viehschau –
bei Gais im Kanton Appenzell Ausserrhoden

Schloss Hagenwil bei Amriswil war bis Anfang des 19. Jahrhunderts
eine Sommerresidenz der St. Galler Äbte.

Bei der Alpfahrt hinauf tragen die Senner die
schweren Glocken die letzten Meter selbst.

Zum Pfingstgottesdienst kommen in Appenzell
die alten Trachten zu Ehren.

NEBEN DER LANDWIRTSCHAFT SPIELEN IM THURGAU INDUSTRIE UND DIENSTLEISTUNGEN EINE WICHTIGE ROLLE.

Wie viele Inder in Mostindien leben, weiß niemand so genau. Seinen Spitznamen hat der Thurgau auch nicht deshalb bekommen, weil im Kanton besonders viele Inder wohnen würden. Es ist die Form des Landes, die den Umrissen Indiens ähnelt, und dazu kommen eben die vielen, vielen Obstbäume, aus deren Ertrag Most oder Saft gepresst wird. Dass die Saftmacher Humor haben, bewiesen sie mit Werbespots, in denen sie den waschechten Inder Anoop Singh Mudher mit einer Sitar unterm Apfelbaum für ihren Most werben ließen. Auch wenn fast jeder Vierte, der im Thurgau lebt, nicht aus der Schweiz, sondern aus einem von 135 Ländern der Welt kommt – Mudher gehört nicht zu ihnen. Er betreibt in Konstanz ein Restaurant; ein indisches natürlich.

BEVORZUGTER STANDORT

Die Anziehungskraft des schweizerischen Bodenseeufers ist seit Jahren ungebrochen. Jeder dritte Zuzügler im Thurgau kommt aus Deutschland. Auch wenn das Land im Frühjahr angesichts der zahlreichen Obstplantagen in einem Blütenmeer versinkt, spielen Industrie und Dienstleistungen neben der Landwirtschaft eine wichtige Rolle. Im Vergleich mit der Gesamtschweiz liegt die

Quote der Beschäftigten am Bodensee höher. Kleine und mittlere Unternehmen bearbeiten Metall, engagieren sich im Maschinenbau oder der Feinmechanik. Dass die Schweizer Bundesbahnen in Romanshorn direkten Anschluss an den deutschen Seehas-Express haben, der Flughafen Zürich gut erreichbar ist und die Fähre von Romanshorn nach Friedrichshafen gerade mal 45 Minuten unterwegs ist, sind weitere Standortvorteile.

KUNST AM ARBEITSPLATZ

Eine, die diese Vorteile zu schätzen weiß, ist die Würth-Gruppe mit Hauptsitz im baden-württembergischen Künzelsau. Der Weltmarktführer im Handel mit Befestigungsmaterial, sprich Schrauben, Dübeln und Ähnlichem, hat in Rorschach ein Haus für sechs Firmen und 170 Mitarbeiter gebaut. Aber nicht irgendein Haus. Direkt am See steht ein Glaskubus von 150 Meter Länge, fünfzig Meter Breite und dreißig Meter Höhe, entworfen von den Zürcher Architekten Annette Gigon und Mike Guyer. Die Aussicht auf neue Arbeitsplätze und die Einbindung in einen international agierenden Konzern haben vermutlich dazu geführt, dass bei einem Abstimmungsentscheid 88 Prozent der Rorschacher das Projekt befürworteten.

Auf dem Säntis liegt den Besuchern alpine Landschaft zu Füßen –
und Schnee noch bis in den Juni.

Zum Biedermeierfest in Heiden kann man sich von Rorschach aus
stilvoll mit der Dampflok „Rosa" hinaufbringen lassen.

Der Säntis ist Ausflugs- und Wanderziel, aber auch Startrampe für unerschrockene Gleitschirmpiloten (links).
Wer sich lieber am Boden verausgabt, kann zur 1300 Meter hoch liegenden Schwägalp radeln.

Vielleicht war für den einen oder anderen auch verlockend, dass der deutsche Unternehmer und Kunstsammler Reinhold Würth in dem Gebäude seine 15. Kunstdependance eröffnet hat, getreu seinem Motto, Kunst an den Arbeitsplatz zu bringen. Schön, dass nicht nur die Mitarbeiter des Unternehmens davon profitieren, sondern jeder, der sich für moderne Kunst interessiert. Und das bei freiem Eintritt und spektakulärer Sicht über den See.

GERETTETE BUCHSCHÄTZE

Rorschach war im Mittelalter ein bedeutender Handelsplatz und ist sozusagen der Hafen St. Gallens. Das kulturelle und wirtschaftliche Zentrum der Ostschweiz soll der Legende nach durch einen Sturz entstanden sein. Man erzählt sich, dass der irische Mönch Gallus, der im Zuge der Christianisierung um 612 ins Steinachtal kam, dort in einen Dornbusch gefallen sei. Statt sich zu ärgern, nahm er dies als Zeichen Gottes und blieb. Das Kloster, das dann die Keimzelle für den heutigen Stiftsbezirk wurde, gründete Otmar von St. Gallen allerdings erst rund hundert Jahre später.

926 wurde das Kloster bei einem Einfall ungarischer Truppen niedergebrannt. Vermutlich enthielt die Bibliothek zu diesem Zeitpunkt schon mehrere Hundert Handschriften. Dass diese

Die prachtvolle Gestaltung der St. Galler Stiftsbibliothek steht der Bedeutung des dort aufbewahrten Wissens in nichts nach. Bei den Festspielen erklingt im Sommer Musik im Klosterhof vor der Kathedrale. In der Altstadt serviert die „Wirtschaft zur Alten Post" in der Gallusstraße traditionelle St. Galler Spezialitäten (im Uhrzeigersinn).

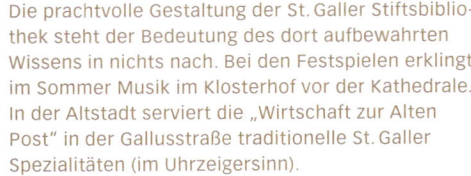

Schätze nicht verbrannten, sondern heute noch in der Stiftsbibliothek aufbewahrt werden, ist einer Einsiedlerin zu verdanken. Wiborada hatte das Unglück vorhergesehen und die Mönche dazu bewegen können, die Buchschätze auf die Insel Reichenau zu bringen. Sie selbst kam bei dem Einfall der Ungarn allerdings ums Leben.

WELTERBE DER MENSCHHEIT

Die Bücher sind längst nach St. Gallen zurückgekehrt und haben in der barocken Stiftsbibliothek ein sehr repräsentatives Heim gefunden. Wenn man in riesigen grauen Filzschlappen unter dem Portal mit der griechischen Inschrift „Psyches iatreion" hindurchschlurft, ist es tatsächlich, als käme man in einen

DIE KOSTBAREN HAND-SCHRIFTEN HABEN IN DER BAROCKEN STIFTSBIBLIOTHEK EIN SEHR REPRÄSENTIVES HEIM GEFUNDEN.

„Heilraum der Seele". Die Filzüberzieher müssen sein, damit das alte Parkett keinen Schaden nimmt, aber diese Unbequemlichkeit vergessen die Besucher spätestens dann, wenn sie in dem prachtvollen Saal der Bücherwelt stehen. In den Vitrinen zeigt die Bibliothek jährlich andere Handschriften der weltweit bedeutenden Sammlung aus dem 8. bis 11. Jahrhundert. Die Bibliothek gehört zum Stiftsbezirk, den die UNESCO 1983 ins Welterbe aufgenommen hat. Konkurrierten im Mittelalter weltliche und geistliche Macht miteinander, sodass der Fürstabt 1457 sogar seine Residenz nach Rorschach verlegte, weil kein Friede zu schaffen war, arbeiten Kantonsregierung und Bischof heute Seite an Seite im Stiftsbezirk.

EXQUISITES FÜR DIE HAUTE COUTURE

Unter den alten Handschriften befindet sich auch ein Dokument aus dem 8. Jahr-

Auch am Südufer des Bodensees sind viele Ufer naturbelassen geblieben –
wie hier bei Egnach.

Das Sportangebot ist vielfältig: Der Bodensee
ist Anziehungspunkt für Surfer ...

... und natürlich für Radler, die entweder lieber aufs Wasser schauen,
als sich darin zu vergnügen – oder bei einer Pause beides verbinden.

Das Forum Würth in Rorschach steht allen Kunstinteressierten offen. Gezeigt wird Modernes, zum Beispiel die Skulptur „Vier Figuren" von Horst Antes, die im Skulpturengarten des Hauses zu sehen ist.

Special

Textilien

St. Galler Stickerei ist Spitze

Zuerst Leinwand, dann Baumwolle: Seit dem frühen Mittelalter ist die Ostschweiz ein Textilland – mit den üblichen Branchenproblemen. Die St. Galler Stickerei jedoch hat ihren Weltruf bis heute behauptet.

Bis zum Ende des Zweiten Weltkriegs war die Textilindustrie der bedeutendste Wirtschaftszweig in den Kantonen St. Gallen, Appenzell Innerrhoden und Ausserrhoden sowie im Thurgau. Bereits im 8. Jahrhundert lieferten Bauern Leinwand ins Kloster St. Gallen. Zum Wirtschaftsfaktor wurde das Produkt durch den Fernhandel, der im 12. Jahrhundert seinen Aufschwung nahm.

Die Produktion wurde kontinuierlich gesteigert. Und da die Arbeiter in der Stadt mit der Nachfrage überfordert waren, stellten die Firmen immer häufiger Webstühle auf dem Land auf. Stimmte die Qualität, bekamen die Weber auf dem Land auch das gleiche Geld wie jene in der Stadt.

Im St. Galler Textilmuseum

Um 1730 setzte der erste Wandel in der Ostschweizer Textilindustrie ein. Immer mehr Baumwollstoffe wurden gewebt oder Baumwolle wurde dem Leinen beigemengt, um auch kostengünstigere Stoffe anbieten zu können. Auf der anderen Seite entwickelte sich mit den handbestickten Stoffen ein neues Luxusprodukt, das St. Gallens textilen Ruf in die Welt trug und bis heute von Bedeutung ist, wie das Textilmuseum der Stadt zeigt.

hundert, das berichtet, dass bereits damals die Bauern Flachs zu Leinenstoffen verarbeiteten. Sie waren damit die Vorläufer eines Industriezweigs, der in der Ostschweiz bis Mitte des 20. Jahrhunderts für großen Wohlstand sorgte. Auch heute noch sind Produkte wie die St. Galler Stickereien – feine Spitzen – gut nachgefragt, wenn auch vor allem in hochpreisigen Bereichen wie der Haute Couture.

Wer Meisterwerke der Stoffkunst auf der Straße sehen will, sollte zum Biedermeierfest nach Heiden fahren. Alle vier Jahre flanieren die Damen in ihren der Zeit entsprechenden Roben durch den Ort, schauen den Handwerkern bei der Arbeit zu und lassen ihre Schönheit im

ST. GALLER SPITZEN SIND VOR ALLEM IN DER HAUTE COUTURE GEFRAGT.

Scherenschnitt verewigen. Der dazugehörige Herr trägt Zylinder, dessen Höhe die gesellschaftliche Stellung des Trägers anzeigt. 1838 war Heiden bei einem Brand völlig zerstört worden. Innerhalb von nur zwei Jahren bauten die Bürger fünfzig Häuser wieder auf, die bis heute jene Zeit spiegeln, als die Schweizer ihre derzeitige Verfassung bekamen.

Schweizer Käse

GEHEIMNISVOLLER APPENZELLER

*Wo es Kühe gibt, gibt es auch Milch; wo es Milch gibt, gibt es Käse.
Klingt lapidar, ist aber für die Ostschweiz ein wichtiger Faktor.
Im Appenzellerland produzieren 52 Dorfkäsereien
den würzigsten Käse der Schweiz nach traditionellem Rezept.*

Nur zwei Menschen wissen, welche Kräuter, Wurzeln, Blätter, Blüten, Samen und Rinden in die sogenannte Kräutersulz gehören, mit der die Käselaibe während der Reifezeit gepflegt werden. Immer wieder werden die Käseräder gewendet und mit der geheimnisvollen Kräutermischung eingerieben. Streng hüten die Appenzeller deren Rezept und geben es von Generation zu Generation weiter. Und so darf der würzige Appenzeller auch nur in den Kantonen Appenzell Innerrhoden, Appenzell Ausserrhoden sowie Teilen der Kantone St. Gallen und Thurgau hergestellt werden.

Je feiner das Bruchkorn, desto geringer ist der Molkeanteil im fertigen Käse. Bei Schnittkäse wie dem Appenzeller weist der Bruch etwa Maiskorngröße auf.

GUTE MILCH VON KRÄUTERWIESEN

Weniger als vier Prozent der Schweizer arbeiten heute noch in der Landwirtschaft, aber auf dem hügeligen Weideland zwischen Bodensee und Säntis spielt die Milchwirtschaft nach wie vor eine große Rolle. Das reichhaltige Kräutergras ergibt eine gute Milch, die die Landwirte zweimal täglich zu den Käsereien bringen oder am Hof abholen lassen – insgesamt 20 000 Liter Rohmilch pro Tag, die nach der Qualitätsprüfung in riesige Tanks geleitet und auf etwa sechs Grad heruntergekühlt wird. So verhindern die Käser, dass die Milch zu schnell reift.

Wer gern früh aufsteht, kann in der Schaukäserei in Stein, zwischen St. Gallen und Appenzell, die Entstehung eines Käses schon von der Milchanlieferung an verfolgen. Oder man kommt später und leiht sich einen der Tabletcomputer, die nicht nur erklären, was man durch die riesigen Fenster in der weiter unten liegenden Käserei sieht, sondern noch tiefer gehende Informationen rund um den Appenzeller Käse liefern.

AUS MILCH WIRD KÄSE

Aus den Lagertanks werden für eine Produktion 6000 Liter Milch für achtzig Laibe in das Käsekessi gepumpt, einen riesengroßen Kessel, wie er in kleinerer Ausführung auch in den Sennereien steht. Im Kessi wird die Milch auf 31 Grad erwärmt. Milchsäurebakterien werden hinzugegeben, der Gärungsprozess beginnt. Nach dreißig bis vierzig Minuten

Der zwischen der zweiten und dritten Pressung aufgebrachte Käse-pass auf der Unterseite jedes Laibs gibt an, wann und wo der Käse hergestellt wurde.

Links: Mindestens drei Monate reift der Appenzeller im Käsekeller bei einer Temperatur von fünfzehn Grad und über neunzig Prozent Luft-feuchtigkeit.

kommt die Käseharfe zum Einsatz, die die immer dicker werdende Gal-lerte schneidet. Dabei entsteht der so-genannte Käsebruch, kleine mais-große Körner. Die trennen sich von der wässrigen Molke, und damit ist das Vorkäsen beendet.

Der Käsebruch wird nun schonend weiter erhitzt, bis er den richtigen „Griff" hat. Dabei ist die Erfahrung des Käsers gefragt. Ist er zufrieden, wird die Masse in vorbereitete For-men gefüllt und drei Mal gepresst. Zwischen der zweiten und dritten Pressung wird der Käsepass aufge-legt, damit klar ist, um welchen Käse

IN APPENZELL WIRD DER KÄSEKLASSIKER SEIT MEHR ALS 700 JAHREN NACH ALTER HAND-WERKSTRADITION HERGESTELLT.

Hm, lecker: Appenzeller Käseteller mit
Kostproben der verschiedenen Sorten
und Appenzeller Käse-Wurst-Salat

mit sich der Käse geschmacklich gut
entwickeln kann, haltbar und lager-
fähig wird; außerdem verdickt sich
dabei die Rinde weiter. Anschließend
geht es in den Käsekeller mit einer
Raumtemperatur von etwa fünfzehn
Grad und einer relativen Luftfeuchte
von über neunzig Prozent. In der
Schaukäserei fährt regelmäßig ein
Roboter durch die Regale, holt sich
zwei Laibe heraus, legt sie in die ge-
heimnisvolle Kräutersulz, wendet
den Käse und schiebt ihn auf einen
neuen Platz im Regal aus Fichtenholz.
Nur dieses Holz verbiegt sich nicht
bei der hohen Luftfeuchtigkeit.

REIFEZEIT BESTIMMT DAS AROMA

Die Reifezeit im Keller entscheidet
über den späteren Geschmack. Nach
drei Monaten ist der eher milde
„Classic" so weit, nach vier bis sechs
Monaten der „Surchoix". Dem Appenzeller „Extra" sieht man schon am
schwarzen Etikett an, dass hier mehr
Würze drin ist, und beim „viertelfett
räss" ist das nochmals gesteigert. An
der Käsetheke der Schaukäserei kann
man anhand von „Müschterli" testen,
welche Sorte dem eigenen Geschmack
am ehesten entspricht.

es sich handelt, wo er herkommt und
wann er gepresst wurde. Die Käserei
in Stein ist an der EU-Nummer 5137
zu erkennen.

SALZBAD FÜR DIE RINDE

Mit Pressluft werden die Laibe aus
den Formen gelöst und kommen in
den Abtropfraum. Jetzt beginnt sich
allmählich die Rinde zu bilden. Dann
werden die Laibe für 48 Stunden ins
fünfzehn Grad warme Salzbad gelegt.
Das Bad ist dringend notwendig, da-

Zuschauen oder selber käsen

. . . .

Die **Appenzeller Schaukäserei** in Stein hat täglich geöffnet:
Mai–Okt. 9.00–18.30, sonst bis 17.30 Uhr,
Käseherstellung tgl. bis 15.00 Uhr;
Dorf 711, CH-9063 Stein AR, Tel. 0041 71 3 68 50 70,
www.schaukaeserei.ch

Im benachbarten **Appenzeller Volkskundemuseum**
kann man nach Anmeldung selber käsen:
Di.–So. 10.00–17.00 Uhr; Tel. 0041 71 3 68 50 56,
www.appenzeller-museum.ch

Genießen mit allen Sinnen

Architektur - Bio-Lebensmittel - Bücher - Bio-Restaurant - Spielwaren

Insider Tipp *****

Führungen von Mai bis Oktober

Donnerstags von 16 - 17 Uhr

Anmeldung erforderlich (4,50 Euro)

Erhalten Sie Einblicke in die außergewöhnliche Architektur des Naturata Gebäudes von Imre Makovecz und Wissenswertes über die regionalen Wirtschaftszusammenhänge der Bodenseeregion

Naturata GmbH

Rengoldshauser Str. 21
88662 Überlingen
Tel: 07551 / 951613

Öffnungszeiten

Mo-Sa 8 - 20 Uhr
Warme Küche: Di-Sa 12-18 Uhr
Sonn- und Feiertags: Ruhetag

info@naturata-gmbh.de
www.naturata-gmbh.de

f @NaturataGmbh

naturata_gmbh_ueberlingen

ZWISCHEN SEE UND GEBIRGE

Auf der einen Seite die weitläufigen Obstplantagen und Weinberge,
auf der anderen Industrie und Gewerbe, dazwischen Straße und Eisenbahn.
Von Altenrhein bis Kreuzlingen breitet sich ein attraktives Gebiet für Urlauber aus;
und für all jene, die sich die Ferien erst noch verdienen müssen.

❶ Rorschach

Der kleine Ort (9500 Einw.) gilt als St. Gallens Tor zum Bodensee und geht als Siedlung bis auf die Völkerwanderungszeit zurück.

SEHENSWERT

Bereits im Mittelalter war Rorschach Handelsplatz (947 Marktrecht). Die stattlichen Bürgerhäuser der **Altstadt** zeugen von Wohlstand. Das barocke **Kornhaus** ist ein Wahrzeichen des Bodensees, 1746 von Johann Gaspare Bagnato errichtet, der auch auf der Mainau gebaut hat.

MUSEEN

Das **Forum Würth Rorschach**, integriert in das Verwaltungsgebäude des Unternehmens Würth, liegt direkt am See. In wechselnden Ausstellungen werden im Haus und im angrenzenden Garten („Jardin extraordinaire") zeitgenössische Werke aus der Sammlung Würth gezeigt (Churerstr. 10, www.wuerth-haus-rorschach.ch; April–Sept. tgl. 10.00 bis 18.00, sonst Di.–So. 11.00–17.00 Uhr). In Erlebniswelten gliedert sich das **Museum im Kornhaus**: Stein- und Bronzezeit, Kommunikation, Optik, Mathematik und Gesellschaft (Hauptstraße 58, www.museum-rorschach.ch; April bis Okt. tgl. 13.00–17.00 Uhr).

AKTIVITÄTEN

Wer nicht gleich auf den Säntis will, hat vom **Fünfländerblick** gute Aussicht auf Schweiz, Österreich, Bayern, Baden und Württemberg. Ab Rorschach sind 600 Höhenmeter zu überwinden; wer bis Schloss Wartensee fährt, muss ein bisschen weniger steigen.

UMGEBUNG

Mit der Rorschach-Heiden-Bergbahn geht es hinauf nach **Heiden**, dem „Biedermeierdorf". Rund um den Dorfplatz stehen Kirche, Rathaus und Bürgerhäuser aus der Mitte des 19. Jh., bis zum Dunantplatz, benannt nach dem Gründer des Roten Kreuzes. Dem Friedensnobelpreisträger von 1901, der seine letzten Lebensjahre in Heiden verbrachte, ist hier ein Museum gewidmet (Asylstr. 2, www.dunant-museum.ch; das Museum wird bis Ende 2022 umgebaut, ist während dieser Zeit aber im Dunant Plaza,

Blick vom Säntis; Stiftskirche St. Gallen außen und innen

Kirchplatz 9, präsent). Alle vier Jahre (wieder 2022) wird in Heiden ein Biedermeierfest mit Kostümen, Musik und Speisen aus jener Zeit gefeiert (www.biedermeier.ch).
In **Altenrhein**, an der Grenze zu Österreich, präsentiert das Fliegermuseum am Flugplatz funktionstüchtige Flugzeuglegenden (Flughafenstraße, www.fliegermuseum.ch; Di.–So. 10.00 bis 18.00 Uhr, Juli/Aug. tgl.). In direkter Nachbarschaft fesselt die Markthalle Altenrhein den Blick, ein Hundertwasser-Architekturprojekt (Knotternstr. 2, Staad, www.markthalle-altenrhein.ch; Mai, Juni tgl. 12.00–16.00, Juli–Okt. tgl. 10.00–12.00 und 13.30–17.30, sonst Sa./So. 13.00–17.00 Uhr).
Zum **Säntis** sind es von Rorschach 1 Autostd. in südwestl. Richtung und ab der Schwägalp noch mal 10 Min. mit der Schwebebahn, dann liegt einem die Bergwelt der Schweiz, Österreichs und Liechtensteins zu Füßen (s. S. 55).

INFORMATION

St. Gallen-Bodensee Tourismus
Bankgasse 9, CH-9001 St. Gallen,
Tel. 0041 71 2 27 37 37,
www.st.gallen-bodensee.ch

❷ St. Gallen

Das kulturelle und wirtschaftliche Zentrum der Ostschweiz (76 000 Einw.) ist aus einer Klause des irokeltischen Mönches Gallus hervorgegangen, der 612 ins Steinachtal kam. 719 wurde das Kloster gegründet, das 747 die Regel des hl. Benedikt annahm. 926 wurde das Kloster zerstört, im 11. Jh. wieder aufgebaut. Die barocke Stiftsanlage mit der Kathedrale entstand zwischen 1755 und 1766. Im Stiftsbezirk haben heute das Bistum St. Gallen und die Kantonsregierung ihren Sitz.

SEHENSWERT

Beim Bummel durch die **Altstadtgassen** entdeckt man nicht nur nette Geschäfte, sondern auch zahlreiche Häuser mit zwei- und mehrgeschossigem Holzerkern aus dem 17. und 18. Jh. Der Weg sollte auf alle Fälle in den Stiftsbezirk mit der barocken **Kathedrale** führen, an der bis

1766 Peter Thumb mitbaute, der Meister der Birnau. Berühmte Künstler des Bodenseeraums haben an der Ausgestaltung gearbeitet. In unmittelbarer Nachbarschaft steht die evangelische **Stadtkirche St. Laurenzen** (überw. 15. und 16. Jh.) mit buntem Kirchendach.

MUSEEN

Gleichzeitig mit der Kathedrale wurde die **Stiftsbibliothek TOPZIEL** errichtet. 400 der insgesamt 2100 Handschriften stammen aus der Zeit vor 1000, weshalb die Sammlung zu den wichtigsten der Welt gehört. Eine jährlich wechselnde Auswahl der Codices des 8. bis 11. Jh. ist im barocken Festsaal zu sehen. In den bis zu 7,40 m hohen Bücherschränken sind 30 000 Bände untergebracht (Klosterhof 6 D, www.stibi.ch; Mo.–Sa. 11.00–16.00 Uhr). Etwa 70 000 Objekte veranschaulichen im **Historischen und Völkerkundemuseum** die Geschichte der Stadt und des Kantons (Museumstr. 50, www.hvmsg. ch; Di.–So. 10.00–17.00 Uhr). Das **Kunstmuseum** bringt in wechselnden Ausstellungen alte Meister und zeitgenössische Werke in Dialog (Museumstr. 32, www.kunstmuseumsg.ch; Di. bis So. 10.00–17.00, Mi. bis 20.00 Uhr). Naive Kunst zeigt das **Museum im Lagerhaus** (Davidstr. 44, www.museumimlagerhaus.ch; Di.–Fr. 14.00–18.00, Sa./So./Fei. 12.00–17.00 Uhr). Mit der St. Galler Stickereien und weiteren textilen Spitzenprodukten widmet sich das **Textilmuseum** einem bedeutenden Wirtschaftszweig der Region (Vadianstr. 2, www.textilmuseum.ch; tgl. 10.00–17.00 Uhr). Das **Naturmuseum** ermöglicht im Ende 2016 eröffneten Neubau im Osten der Stadt auf 2000 m² Dauerausstellungsfläche mit begehbaren Raumbildern ein völlig neues Museumserlebnis; an interaktiven Stationen dürfen die Objekte auch angefasst werden (Rorschacher Str 263, www.naturmuseumsg.ch; Di.–So. 10.00–17.00, Mi. bis 20.00 Uhr).

Arbon: Bootshafen, Gasthaus Römerhof; Fährschiff vor Romanshorn

AKTIVITÄTEN

Stadtgründer Gallus führt die Gäste per Audioguide zu den Sehenswürdigkeiten der Stadt. 90 Min. dauert der hörspielartige **Rundgang** mit dem Mönch und weiteren Persönlichkeiten der Stadtgeschichte (Audioguide bei der Tourist-Information, Bankgasse 9).

INFORMATION

St. Gallen-Bodensee Tourismus, Bankgasse 9, CH-9001 St. Gallen, Tel. 0041 71 2 27 37 37, www.st.gallen-bodensee.ch

❸ Arbon

Die drittgrößte Stadt des Kantons Thurgau (15 000 Einw.) ist vor allem für ihre sehenswerte Altstadt und die lange Uferpromenade bekannt. Zur Jungsteinzeit standen hier Pfahlbauten, Kelten errichteten ihre Siedlung auf der Landzunge, zu Römerzeiten bedeckte sie ein riesiges Kastell, das erst zur Völkerwanderungszeit aufgegeben und Basis einer mittelalterlichen, später zum Renaissanceschloss erweiterten Burg wurde. Der Industriestandort Arbon wurde u. a. vom Fahrzeughersteller Saurer repräsentiert, dessen Postbusse jeder Schweizurlauber kannte; 1987 wurde die Produktion eingestellt.

MUSEEN

Im **Schloss** zeigt das historische Museum Dokumente aus 5500 Jahren Geschichte, vor allem zum Leinwandhandel im 18. Jh. und zur Industrialisierung im 19. und 20. Jh., als Textil- und Maschinenfabriken einen Boom in Arbon auslösten (www.museum-arbon.ch; Mitte Juni bis Mitte Sept. tgl. 14.00–17.00 Uhr, sonst nur So.). In den alten Produktionshallen der **Adolph Saurer AG** werden u. a. Nutzfahrzeuge, Postautos und Feuerwehren als Oldtimer gezeigt (Weitegasse 8, www.saurermuseum.ch; Mo.–Sa. 10.00–18.00 Uhr, Tickets im benachbarten Hotel „Wunderbar").

AKTIVITÄTEN

Nicht nur für Frauen interessant: der szenische **Stadtrundgang** auf den Spuren von Frauen, die das kulturelle, politische und wirtschaftliche Leben Arbons geprägt haben (www.zeitfrauen.ch). Vom Hafen kann man mit **Ausflugsschiffen** in alle Richtungen des Bodensees aufbrechen.

UMGEBUNG

Der Thurgau ist geprägt von Obstbäumen, aber drei Viertel der einst vorhandenen Sorten sind in den vergangenen 40 Jahren verschwunden. Dem will die Obstsortensammlung bei **Roggwil** (4 km südwestl.) mit 320 Sorten von Äpfeln, Birnen, Zwetschgen, Pflaumen und Kirschen etwas entgegensetzen (Hofen, Roggwil, www.obstsortensammlung.ch).

INFORMATION

Arbon Tourismus, Schmiedgasse 5, CH-9320 Arbon, Tel. 0041 71 4 40 13 80, www.arbontourismus.ch

❹ Romanshorn

Das Hafenstädtchen (11 200 Einw.) war einst ein Außenposten der Klosterherrschaft St. Gallen. Im 19. Jh. entwickelte sich Romanshorn zum Verkehrsknotenpunkt. Hier ist die Endstation der Schweizer Bundesbahnen, mit Anschluss an den Seehas-Express, sowie der Heimathafen der Schweizer Bodenseeflotte.

»DAS BESONDERE AM NEUEN NATURMUSEUM SIND SEINE GROSSEN, HELLEN UND LICHTEN RÄUME.«

Toni Bürgin, Museumsdirektor St. Gallen

MUSEEN

150 Jahre Ortsentwicklung zeichnet das **Museum am Hafen** im Alten Zollhaus von 1852 nach (www.museumromanshorn.ch; So. 14.00 bis 17.00 Uhr). Mit einem Lokschuppen samt Gelände und Stellwerk veranschaulicht die Eisenbahn-Erlebniswelt **Locorama** Eisenbahngeschichte (Egnacherweg 1, www.locorama.ch; Mai–Okt. So. 10.00–17.00 Uhr).

AKTIVITÄTEN

Ausgedehnte **Park- und Sportanlagen** am Seeufer bieten mit dem **Seebad** (Badstr. 50, Tel. 0041 5 83 46 84 20; Mai–Sept. Kernzeit tgl. 9.00–18.00 Uhr) viel Abwechslung. Schlittschuhläufer können im **Eissportzentrum** Runden drehen (Egnacherweg 8, Tel. 0041 71 4 66 75 00, www.ezo-tg.ch; tgl., vor allem nachm.).

INFORMATION

Thurgau Tourismus, Friedrichshafnerstraße 55a, CH-8590 Romanshorn, Tel. 0041 71 531 01 31, www.thurgau-bodensee.ch

❺ Kreuzlingen

Wegen der Nähe zu Konstanz hat der Wirtschaftsstandort (22 200 Einw.) mit den höchsten Ausländeranteil in der Schweiz.

SEHENSWERT

An der Hauptstraße steht das ehem. **Augustinerchorherrenstift St. Ulrich**, das der Konstanzer Bischof 1125 vor den Toren seiner Stadt gründete. Im Dreißigjährigen Krieg zerstört, erfolgte der Wiederaufbau des Klosters bis 1653 (Pädagogische Hochschule Thurgau). Die prächtige Barockkirche entstand nach Plänen des Vorarlbergers Michael Beer.

MUSEEN

Um Fischerei, Schifffahrt und Landschaft am Bodensee dreht sich alles im **Seemuseum** (Seeweg 3, www.seemuseum.ch; Juli–Sept. Di. bis So. 11.00–17.00, sonst Mi., Sa./So. ab 14.00 Uhr). Ortsgeschichte steht im Mittelpunkt des **Museums Rosenegg** (Bärenstr. 6, www.museumrosenegg.ch; Mi. 17.00–19.00, Fr., So. 14.00–17.00 Uhr). Mit antiken Puppen und dem Arbeitszimmer des Grafen Zeppelin, der hier seine Jugend verbrachte, kann **Schloss Girsberg** aus dem 15. Jh. aufwarten (www.schloss-girsberg.ch; 1. So. im Monat 15.00–17.00 Uhr).

UMGEBUNG

In der Klosterkirche von **Münsterlingen** steht seit der letzten Seegfrörne 1963 die Büste des hl. Johannes, die 1573 das erste (dokumentierte) Mal bei einer Eisprozession über den zugefrorenen See zwischen Münsterlingen und dem deutschen Hagnau getragen und seither bei der jeweils nächsten Seegfrörne wieder zurückgebracht wurde.

INFORMATION

Kreuzlingen Tourismus, Hauptstr. 39, CH-8280 Kreuzlingen, Tel. 0041 71 5 31 01 31, www.thurgau-bodensee.ch

ENTSPANNT AM UFER ENTLANG

Wer am Wasser Urlaub macht, sollte nicht nur ins Wasser hinein, sondern auch einmal drauf. Rund um den Bodensee können sich Urlauber Kanus leihen und am abwechslungsreichen Ufer entlangpaddeln. Vorausgesetzt, es ist kein Sturm vorhergesagt.

Viel braucht man nicht, um mit einem Kanu die 259 km Bodensee-Ufer zu erkunden. Man muss das ja nicht auf einmal machen. Kleine Etappen reichen zunächst. Wer noch nie in einem Kanu saß, bekommt an der Verleihstation nicht nur eine Schwimmweste und eine wasserdichte Tonne für die Wertsachen, sondern auch eine Einweisung und Tipps zur richtigen Paddeltechnik. Anfänger setzen sich immer in die klassischen Indianerkanus mit Stechpaddel. Die schmaleren Kajaks sind den Fortgeschrittenen vorbehalten. Auch Routenvorschläge kann man sich am Startpunkt geben lassen, falls man nicht einfach nur ein wenig am Ufer entlangpaddeln will. Allzu weit sollte die Spaßtour aber nicht hinausgehen, denn manchmal wird es schnell stürmisch am See.

Wie so oft kommt vor dem Vergnügen erst mal die Arbeit. Beides macht in der Gruppe besonders viel Spaß – die Vorbereitungen an Land und das Paddeln auf dem See.

Auf der sicheren Seite sind Anfänger bei einer geführten Tour, bei der auch Routenwünsche erfüllt werden. Vielleicht am Schilf entlang oder lieber an den sanften Schweizer Wiesenhügeln? Am Schweizer Ufer muss man die Fährschiffe im Auge haben, die den See überqueren, denn die haben immer Vorfahrt.

Der „Bodensee-Kanuweg" führt in 14 Tagesetappen um den See. Der Routenverlauf und Tipps zum Kanufahren auf dem Bodensee gibt's auf der Homepage von La Canoa KanuZentrum Konstanz.

La Canoa hat Verleihstationen in Bodman, Dingelsdorf, Ermatingen, Friedrichshafen, Hard, Immenstaad, Insel Reichenau, Konstanz, Kreuzlingen, Lindau, Ludwigshafen, Mainau, Markelfingen, Rohrspitz, Romanshorn, Schaffhausen, Steckborn, Stein am Rhein und Wallhausen: www.lacanoa.de

Geführte Touren bietet auch das Naturfreundehaus in Markelfingen: www.naturfreundehaus-bodensee.de

Untersee

*

GEISTLICHKEIT UND GEMÜSE

*

Einige Schweizer meinen, der Untersee gehöre gar nicht mehr zum Bodensee. Gut, der Konstanzer Trichter ist eine markante Engstelle, und danach verändert der See mit ausgedehnten Flachwasserzonen auch seine Gestalt. Aber genau genommen ist er hier so ursprünglich wie nirgends sonst. Die junge Universitätsstadt Konstanz ist das Tor zu dieser uralten Landschaft.

Der Bodensee ist eines der beliebtesten Segelreviere Deutschlands.

Vor der „Imperia" am Konstanzer Hafen wehen die Farben Badens, der Schweiz und Württembergs.
Im Konzilgebäude, ursprünglich ein Lagerhaus, wurde 1417 Papst Martin V. gewählt (unten).

Die Universität Konstanz wurde 1966 als Reformuniversität gegründet. Der Campus soll ein buntes Studienleben ermöglichen – das 1972 eröffnete Foyer spiegelt dieses Ansinnen.

DER BILDHAUER PETER LENK HAT MIT SEINER »IMPERIA« IM KONSTANZER HAFEN DAS KONZILSGESCHEHEN SATIRISCH VERKÜRZT.

Flach geht es ins Wasser am Ufer von Gnadensee, Zeller See und Rheinsee, und so soll es in grauer Vorzeit am ganzen Bodensee gewesen sein – einst ideal für Pfahlbauten, heute für Strandbäder und brütende Vögel. Im Wollmatinger Ried und auf der Halbinsel Mettnau haben rund 300 Vogelarten einen geschützten Lebensraum gefunden. Dreizehn Prozent der gesamten Wasserfläche des Bodensees macht der Untersee aus, zu dem die drei Seeteile zusammenfließen. Der Rheinsee, über den der Rhein aus dem Bodensee hinausfließt, ist mit 46 Metern der tiefste Bereich, der Gnadensee mit 22 Metern der flachste. Seinen ungewöhnlichen Namen hat das Gewässer zwischen der Insel Reichenau und der Stadt Allensbach bereits im Mittelalter bekommen. Zu jener Zeit wurden – wie überall – auch auf der Klosterinsel Todesurteile gesprochen, die dort aber nicht vollstreckt werden durften, da der Inselboden als heilig galt. Also ruderte man die Verurteilten über den See zu den Allensbacher Galgenäckern. Ertönte während der Überfahrt die Glocke des Reichenauer Münsters, waren die Delinquenten begnadigt.

GRENZÜBERSCHREITUNGEN

Heute sind vor allem Fischer von der Insel Reichenau auf dem Gnadensee unterwegs. Jahrhundertelang überwachte das Kloster den Fischfang am Untersee, dann das Land Baden. Seit 1979 fischen Schweizer und Deutsche gemeinsam, eine Hoheitslinie gibt es dabei nicht. Der Fisch bekommt erst eine „Nationalität", wenn er ans Ufer gebracht wird. Und manches Mal wandert auf dem See eine Kiste Fisch von Boot zu Boot, weil der Kollege aus dem einen Land mehr gefangen hat als der andere. Grenzüberschreitende Zusammenarbeit, wie die Konstanzer sie lange kennen. „Paradiesbauern", die zwar in Konstanz wohnen, ihr Ackerland aber auf Schweizer Boden, dem sogenannten Paradies, haben, überqueren seit Jahrhunderten tagtäglich die Grenze. Nur nicht während des Zweiten Weltkriegs. Da waren auch für sie die Grenzen verschlossen. Man sagt ihnen nach, dass sie sich früher durch Schmuggeln ein ordentliches Zubrot verdient hätten. Angesichts der aktuellen Ein- und Ausfuhrmengen lohnt sich das heutzutage aber weder bei Zigaretten noch bei anderen Waren.

KONZIL IN KONSTANZ

Nicht nur für potenzielle Schmuggler war die Grenzlage der größten Stadt am Bodensee von Vorteil. Dank der Nähe zur neutralen Schweiz blieb die Altstadt von Konstanz im Zweiten Weltkrieg von

Spannungsreicher Kontrast: Das Kulturzentrum am Münster beherbergt neben der Wessenberg-Galerie u. a. die Stadtbücherei und einen Museumsshop. Im Fenster des Gebäudes mit der markanten roten Fassade spiegelt sich das Konstanzer Münster.

Gassen-Freitag in Konstanz: Während des Sommerhalbjahrs gibt es in der Niederburg jeweils am ersten Freitag im Monat lange Ladenöffnungszeiten, Musik und Kleinkunst (links oben und unten). Rechts oben das Haus Zum Goldenen Löwen, unten die Marktstätte mit Kaiserbrunnen

»DENK ICH AN DEN BODENSEE, DANN TUT MIR DER BEUTEL WEH.«

Oswald von Wolkenstein

Bombenangriffen verschont und ist unverändert ein Bilderbuch der Architekturgeschichte von der Zeit der Romanik bis hinein ins 21. Jahrhundert. Im ältesten Stadtteil Niederburg, rund ums Münster, tragen viele Häuser Namen; zum Beispiel das Haus „Zur Katz" in der Katzgasse, 1424 erbaut und damit das älteste Renaissancegebäude nördlich der Alpen.

Zur Zeit des Konstanzer Konzils von 1414 bis 1418 stand das Gesellschafts- und Trinkhaus „Zur Katz" allerdings noch nicht, obwohl man damals dringend Lokale gebraucht hat. Schließlich waren während des Konzils stets 20000 bis 30000 Gäste – darunter allein 1500 „allgemeine Frauen" – in der Stadt, die seinerzeit gerade einmal 6000 Einwohner hatte. Die Herbergen waren überfüllt und Wucherpreise gang und gäbe. Kein Wunder, dass der renommierte Tiroler Dichter und Sänger Oswald von Wolkenstein reimte: „Denk ich an den Bodensee, dann tut mir der Beutel weh."

Der Stadt Konstanz brachte das Konzil Reichtum, der Kirche eine Einigung. Am 14. November 1417 wurde mit Martin V. aus der römischen Adelsfamilie Colonna zum einzigen Mal ein Papst nördlich der Alpen gewählt. Zuvor war das Konzil mit den Ermittlungen gegen Jan Hus befasst gewesen – der Reformator wurde am 6. Juli 1415 hingerichtet.

Insel Reichenau: der ehemalige Klosterkomplex in Mittelzell, der Reichenauer Damm durchs Wollmatinger Ried, die Kirche St. Peter und Paul in Niederzell, mitten in den Salatfeldern, für die die Insel bekannt ist (im Uhrzeigersinn)

Der einstigen Bedeutung entsprechend wurde das Reichenauer Kloster in Mittelzell immer wieder umgestaltet und erweitert.

Zwiebelgemüse

Special

Nur die rote ist die echte

. . . .

Wer einmal eine echte Bülle von der Höri gegessen hat, versteht, weshalb es sich lohnt, für eine Zwiebel so viel Handarbeit auf sich zu nehmen. Und doch wollen es nicht mehr viele machen. Die mühsame Arbeit beginnt bereits, wenn der Samen gewonnen wird. Den gibt es nämlich nirgendwo zu kaufen. Ende August schneiden die Bauern die Blütendolden ab und lassen sie trocknen. Im späten Herbst werden sie dann von Hand ausgerieben und gewaschen. Der gute Samen setzt sich am Boden des Gefäßes ab und kann nun vor sich hin trocknen.

Doch nach den letzten Frösten im März geht es wieder los. Im Abstand von vier Zentimetern und vier Zentimeter tief verschwindet ein Samenkorn nach dem anderen im leicht moorigen, dunklen Höri-Boden. Sobald sich die ersten grünen Spitzen zeigen, grasen die Bauern von Hand aus, damit die Bülle bis Ende August ungestört und konkurrenzlos wach-

sen kann. Dann ist sie „reif", wird aus der Erde gezogen, bleibt aber noch gut zwei Wochen zum Trocknen auf dem Feld liegen. Die letzten Erdreste müssen die Höri-Bauern von Hand abreiben, denn die rote Außenhaut der Bülle ist viel zu empfindlich für eine Maschinenwäsche. Die echte Bülle changiert farblich zwischen Dunkelrosa und Rotbraun.

Bald wird es Zeit, sie in Zöpfe zu binden, denn am ersten Oktobersonntag, beim jährlichen Büllefest in Moos, ist der Absatz besonders üppig. Vereine und Landwirte zeigen dann, was man mit der Bülle alles machen kann: Bülle-Dünne, ein Teigfladen mit Zwiebelbelag, Bülle-Brot, Bülle-Suppe, Bülle-Aufstriche. Hier ist alles Bülle. Und manche, wie Familie Duventäster-Maier, überzeugte Mooser Bülle-Produzenten im kleinen Familienbetrieb in der fünften Generation, beißen sogar einfach rein, als wäre die Zwiebel ein Apfel.

Der Bildhauer Peter Lenk hat mit seiner „Imperia" im Konstanzer Hafen das Konzilsgeschehen auf eindrucksvolle Weise satirisch verkürzt. Die übergroße Kurtisane mit dem vielsagenden Namen trägt zwei nackte gekrönte Männlein auf ihren Händen: König Sigismund und Papst Martin V.

KLOSTERWANDEL

Das Zentrum von Konstanz bildete damals wie heute das Münster. Als es im 11. Jahrhundert erbaut wurde, residierten bereits seit fast 500 Jahren Bischöfe in der Seestadt. Doch sie waren nicht die alleinigen Geistlichen. Eine ganze Reihe von Klöstern und Stiften war an der bedeutenden Handelsdrehscheibe gegründet worden. Die Säkularisation zu Beginn des 19. Jahrhunderts überstand allerdings nur das Dominikanerinnenkloster Zoffingen in der Brückengasse, vermutlich weil die Ordensschwestern seit 1775 eine Volksschule für Mädchen betrieben. In dem außergewöhnlich großen Klosterbau des Dominikanerordens direkt am Bodensee ist heute das Inselhotel untergebracht, eines der ersten Häuser am Platz. Im Zentrum der Hotelanlage liegt der Kreuzgang aus dem 13. Jahrhundert, in der umgebauten Klosterkirche sind Reste von Wandmalereien aus dem 13. und 14. Jahrhundert erhalten.

An Himmelfahrt wird traditionell zur Hochwart gepilgert, dem sich 43 Meter über dem See erhebenden höchsten Punkt der Insel Reichenau.

Feierlicher Empfang am Montagmorgen: Die geschmückten Boote der Mooser Wasserprozession bei ihrer Ankunft in Radolfzell

Das Radolfzeller Hausherrenfest ist in den vergangenen Jahrhunderten längst über seinen religiösen Ursprung hinausgewachsen und zeigt auch weltliche Aspekte.

LEBENDIGES BRAUCHTUM KENNZEICHNET DAS LEBEN AM UNTERSEE, AUF DEUTSCHER WIE AUF SCHWEIZER SEITE.

Da die Fürstbischöfe von Konstanz über einen gewissen Wohlstand verfügten und durchaus auch ein Bedürfnis nach Repräsentation hatten, bauten sie sich Residenzen am See, wie das Neue Schloss in Meersburg oder das Schloss Hegne, das Ende des 19. Jahrhunderts die Barmherzigen Schwestern vom Heiligen Kreuz als Sitz für ihr Kloster kauften. Das Grab der seliggesprochenen Ulrika Nisch, die von 1907 bis zu ihrem frühen Tod im Jahr 1913 dort lebte, ist heute eines der meistbesuchten Pilgerziele am Bodensee. Das Kloster hat zudem eine einmalige Lage mit Blick auf die Vulkanberge des Hegaus.

JETZT HÖR I UFF

Fünfzehn Kilometer liegen die vor rund sechs Millionen Jahren erloschenen neun Vulkanberge vom Bodensee entfernt. Und so wie man vom Kloster Hegne bei Allensbach auf die seltsamen Kegel in der Landschaft blicken kann, so sieht man umgekehrt von diesen weit über den Bodensee bis zu den Alpen, ragen sie doch bis über 900 Meter hoch auf. Vor allem auf dem Hohentwiel mit der weitläufigen Festung, in der Nähe von Singen, scheint der See nur einen Katzensprung entfernt zu sein. Etwa neun Jahrhunderte lang galt die Anlage mit den zahlreichen Bastionen und Ron-

dells als Maß aller Festungsdinge und uneinnehmbar. Letztendlich verkam sie, wie viele andere entsprechende Bauwerke auch, als Gefängnis für manchen politisch Unbequemen, bis sie auf Befehl des Franzosenkaisers Napoleon niedergelegt wurde.

Mit dem „Seehas", wie die Pendler den Nahverkehrszug zwischen Engen und Konstanz getauft haben, gelangt man in lediglich zwanzig Minuten von Singen nach Radolfzell, einer der Verkehrsdrehscheiben am Bodensee. Die Münsterstadt ist zugleich Tor zur Halbinsel Höri, bis heute Anziehungspunkt für malende und schreibende Künstler. Anfang des 20. Jahrhunderts zog sich Hermann Hesse für einige Jahre nach Gaienhofen zurück, bis es dem Nobelpreisträger dann doch zu ländlich wurde und er samt Familie nach Bern übersiedelte. Die Orte reihen sich wie Perlen an einer Kette rund um den Schiener Berg am Ufer des Untersees, und man erzählt sich, dass die Höri das letzte Werk gewesen sei, das Gott erschaffen habe. Und weil es ihm so außerordentlich gut gelungen sei, habe er beschlossen: „Jetzt hör i uff."

PROZESSION AUF DEM WASSER

Aber auch auf der idyllischen Halbinsel war nicht immer alles eitel Sonnen-

Typischer Hegaublick: Im Vordergrund erhebt sich
als charakteristischer Kegel der Hohenhewen.

Die bronzene Martinssäule von Jürgen Goertz,
die 1984 auf dem Engener Marktplatz aufge-
stellt wurde, thematisiert den Gegensatz zwischen Arm und Reich.

Den Hegaukegel Mägdeberg nördlich von Singen krönt die Ruine einer mittelalterlichen Burg (oben).
Zwischen Stockach und Eigeltingen liegt Schloss Langenstein mit seinem Golfclub.

»DIE LANDSCHAFT IST LICHT UND HÜBSCH. SIE SOLLTEN EINMAL KOMMEN.«

Hermann Hesse

Am Rathausplatz von Stein am Rhein prunken Fassadenmalereien – besonders schön
an den Häusern „Rother Ochsen", „Steinerner Trauben" und „Sonne" (von links).

Westlich von Schaffhausen stürzt sich der Rhein 23 Meter in die Tiefe,
darüber ragt Schloss Laufen auf.

Die Rheinfallfelsen bieten spektakuläre Aussichtsplätze.

Die im 16. Jahrhundert erbaute Festungsanlage Munot über Schaffhausen: Von dort oben bietet sich ein guter Blick auf die Rheinstadt.

schein. 1796 grassierte eine Viehseuche in Süddeutschland, durch die zahlreiche Tiere dahingerafft wurden. Die Mooser hatten Angst, dass auch ihr Vieh angesteckt werden könnte. In ihrer Not pilgerten sie nach Radolfzell und riefen die drei „Hausherren" um Hilfe an: die Heiligen Theopont, Senesius und Zeno. Mit Erfolg, so ist es überliefert. Deshalb versprachen die Mooser, alljährlich am Montag nach dem dritten Julisonntag nach Radolfzell zu pilgern – was sie bis heute tun; seit 1926 auf dem Wasserweg. Mit blumengeschmückten Booten steuern sie den Hafen von Radolfzell an und ziehen von dort in einer feierlichen Prozession zum Münster. Wer an diesem Montag gerade Urlaub am Bodensee macht, kann auf Begleitschiffen bei der Prozession mitfahren. Am Sonntag davor feiern die Radolfzeller selbst ihre drei Stadtpatrone.

MODERNES MITTELALTER

Lebendiges Brauchtum kennzeichnet das Leben am Untersee, auf deutscher wie auf Schweizer Seite. Die Feuerwerke, die zum Nationalfeiertag der Schweiz am 1. August in den Himmel steigen, sind besonders schön von den Weinbergen oberhalb von Stein am Rhein zu sehen. In der einstigen Reichsstadt, wo der Rhein den Bodensee verlässt, halten Be-

sucher erst einmal den Atem an, wenn sie die kunstvoll bemalten Fassaden am Marktplatz sehen. Wären da nicht unzählige Fahrräder, fühlte man sich um Jahrhunderte zurückversetzt, in jene

IN STEIN AM RHEIN HALTEN BESUCHER DEN ATEM AN, WENN SIE DIE BEMALTEN FASSADEN SEHEN.

Zeit, als Stein am Rhein eine blühende Markt- und Handelsstadt war mit dem einflussreichen Kloster St. Georgen direkt am Fluss.

Statt der Handelsschiffe legen heute die Ausflugsboote der Schweizer Schifffahrtsgesellschaft im Hafen an, um die Passagiere in einer guten Stunde zum größten Wasserfall Europas bei Schaffhausen zu bringen. Pro Sekunde stürzen dort 800 000 Liter Wasser 23 Meter tief, am eindrucksvollsten von der Aussichtsplattform „Känzeli" unterhalb von Schloss Laufen zu betrachten. Das ist nicht nur im Sommer spektakulär. Wenn im Winter das Wasser gefroren ist, Schnee und Raureif auf der Landschaft liegen und in der Sonne glitzern, entfaltet die im Eis gebändigte Natur eine besondere Schönheit.

Klöster am Bodensee

GLAUBE, GEIST
UND MACHT

*Ab dem frühen Mittelalter prägten Mönche und Nonnen
das Leben am Bodensee. Aus den ersten Glaubensgemeinschaften
entwickelten sich florierende Wirtschaftsunternehmen und geistige Zentren,
deren innovative Impulse in ganz Europa aufgenommen wurden.*

Die Geschichten über die hiesigen Klostergründungen verdeutlichen, dass der Bodensee im frühen Mittelalter ein eher rauer Ort war. Als der Mönchsbischof und Wanderprediger Pirmin im Jahr 724 seinen Fuß auf die Reichenau setzte, soll die Insel ein wilder Urwald voller Schlangen, Dornen, Sümpfe und giftiger Insekten gewesen sein. Da aber an der Stelle, an der Pirmin seinen Bischofsstab aufsetzte, eine reine Quelle zu sprudeln begann, wusste der Pilger, dass er am richtigen Platz war. Auch die wilden Tiere haben das Zeichen wohl verstanden: Sie flohen von der Insel. Dass dies drei Tage und drei Nächte dauerte, unterstreicht das Ausmaß der Wildnis. Anschließend fällte Pirmin gemeinsam mit vierzig Brüdern ungezählte Bäume und Sträucher, um die Insel bewohnbar zu machen.

VOM URWALD ZUM WELTERBE

Als der Wanderprediger drei Jahre später die Reichenau wieder verließ, übergab er seinem Nachfolger ein wohl bestelltes Haus, das zwischen 800 und 1100 zum geistigen und kulturellen Zentrum wurde. Die Klosterschule war berühmt und zog kluge Köpfe an, ebenso die Reichenauer Malschule und die Bibliothek. Im Skriptorium des Klosters Reichenau und in St. Gallen entstanden die bedeutendsten Handschriften des Mittelalters. Heute erinnern die drei romanischen Kirchen, mittlerweile Teil des UNESCO-Welterbes, an das einst bedeutende Benediktinerkloster. Der Stiftsbezirk in St. Gallen erhielt diese Auszeichnung bereits 1983, vor allem wegen der architektonischen Bedeutung und dem reichen Schatz mittelalterlicher Handschriften, die in dem weltberühmten Barocksaal der Stiftsbibliothek aufbewahrt und gezeigt werden. Auch der St. Galler Klosterplan ist dort zu sehen. Als Idealplan eines Klosters zeichneten ihn Mönche auf der Reichenau.

GLAUBE UND MACHT

Nach der Blütezeit des benediktinischen Mönchtums im 10. und 11. Jahrhundert, gewann im 12. Jahrhundert der Reformorden der Zisterzienser an Bedeutung. Kloster Salem, 1134 gestiftet, war schon vor dem Brand von 1697 das größte Zisterzienserkloster und die bedeutendste Reichsabtei des Bodenseeraums. Mit dem Neubau sollte dies auch nach außen demonstriert werden, vor allem gegenüber den weltlichen Mächten, was in den Privaträumen des Abtes und im Kaisersaal besonders augenfällig wird.

Die klösterliche Kultur am Bodensee endete jäh zu Beginn des 19. Jahrhunderts. Nur wenige Abteien, wie Mehrerau in Bregenz oder das Dominikanerinnenkloster Zoffingen in Konstanz, fielen nicht der Säkularisation zum Opfer. Heute regt sich hier und da wieder klösterliches Leben – auf der Reichenau mit der Mönchszelle St. Benedikt beispielsweise.

Klösterliches Erbe am Bodensee, zwischen barocker Pracht in Salem (unten) und schlichter Bescheidenheit im Kloster Hegne (oben und links), wo Schwester Josefa über den Orden berichtet.

Klösterliches Leben heute

Im **Kloster Hegne** unterhalten die Barmherzigen Schwestern vom heiligen Kreuz u. a. mehrere Schulen, ein Altenpflegeheim und ein Hotel. Für Gäste gibt es ein umfangreiches Veranstaltungsprogramm zu spirituellen Themen. **www.kloster-hegne.de**

Die **Cella St. Benedikt** auf der Insel Reichenau wurde 2004 als abhängiges Haus der Erzabtei St. Martin zu Beuron gegründet und widmet sich vor allem der lokalen Pfarrseelsorge. Die aktive Teilnahme am Stundengebet in der Egino-Kapelle in Niederzell steht jedem offen. **http://benediktiner-reichenau.de**

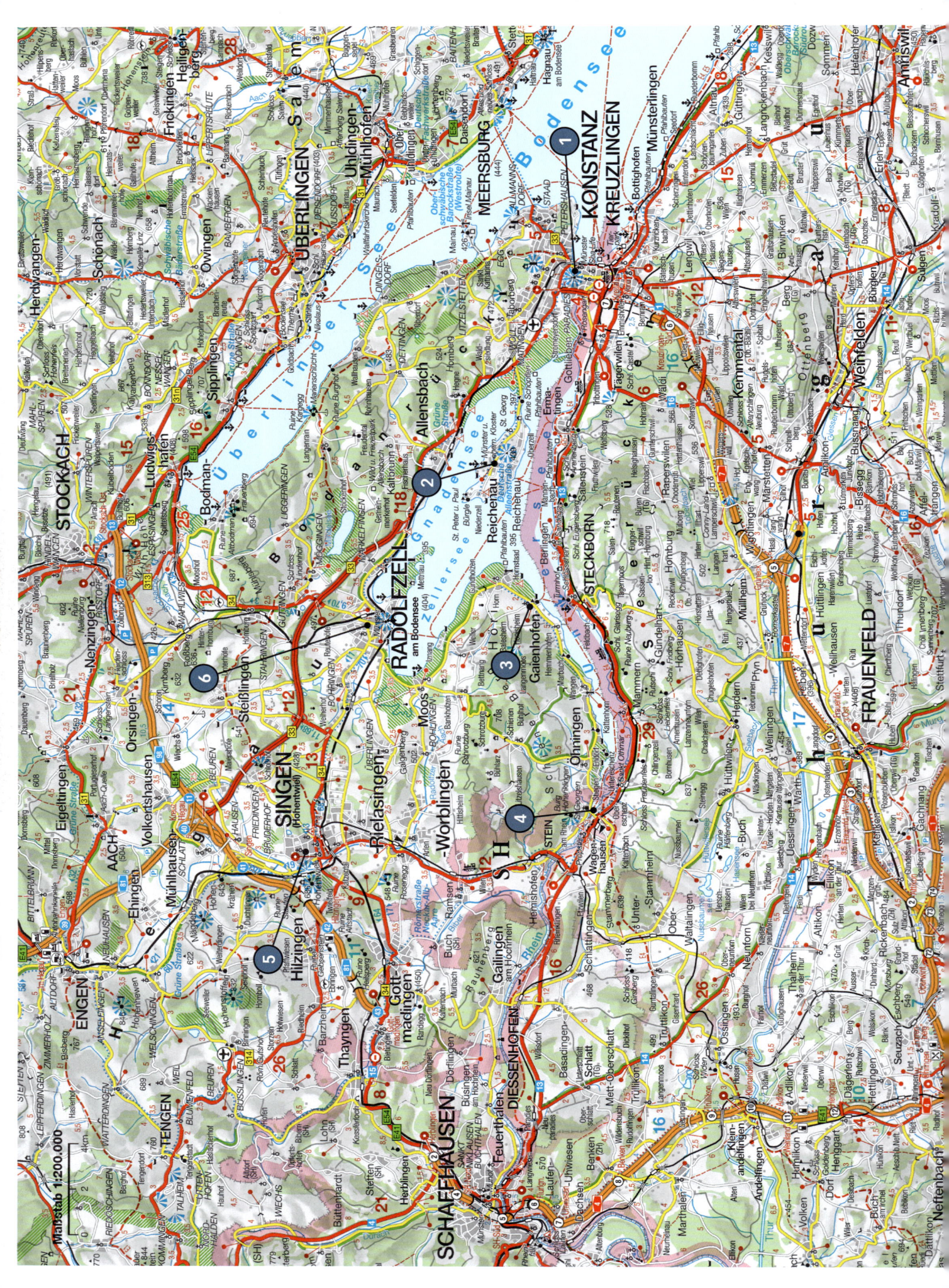

FAST EINE EIGENE SEENLANDSCHAFT FÜR SICH

Die Region Untersee besteht aus dem Gnadensee zwischen dem Welterbe Reichenau und der Halbinsel Mettnau, dem Zeller See zwischen Radolfzell und Horn sowie dem Rhein- oder eigentlichen Untersee vom Konstanzer Trichter bis nach Stein am Rhein.

❶ Konstanz

Die Universitätsstadt (86 300 Einw.) ist die größte Kommune am Bodensee. Einst lebten keltische Fischer hier, im 4. Jh. stand am heutigen Münsterplatz ein römisches Kastell, bereits 590 wurde das Bistum gegründet. 1414 bis 1418 war die Reichsstadt (bis 1548) Tagungsort des Konzils, auf dem das einzige Mal nördlich der Alpen ein Papst gewählt wurde; die dunkle Seite der Reformveranstaltung zeigte sich in der Verbrennung des böhmischen Reformators Jan Hus.

SEHENSWERT
Das **Münster** war 1200 Jahre lang Kathedrale der Bischöfe von Konstanz und während des Konzils Sitzungssaal. Die heutige Ausstattung des urspr. romanischen Baus (1056) stammt großteils aus dem 17./18. Jh. Nördlich des Münsters beginnt die einstige Bischofsstadt **Niederburg,** der älteste Stadtteil, mit mittelalterlichen Häusern; letzter Wehrturm aus dieser Zeit ist der **Rheintorturm** (13.–15. Jh.) an der Rheinbrücke. Über den Stadtgarten gelangt man zum **Konzilsgebäude** am Hafen, 1388 als Korn- und Lagerhaus gebaut. An die Konzilszeit erinnert die 9 m hohe und 18 t schwere **Imperia**, eine Kurtisane, die in der einen Hand die weltliche, in der anderen die geistliche Macht hält. Der **Kaiserbrunnen** (1897) auf der **Marktstätte** hat die Konstanzer Geschichte zum Thema; die Konzilszeit ist durch einen mehrköpfigen Pfau dargestellt – als Symbol für die stolze Kirche, die gleich von drei Päpsten regiert wurde. Das **Rathausensemble** ist aus mehreren historischen Gebäuden zusammengewachsen (Fassade 1593); die Fassadenmalerei von der Kanzleistraße aus zeigt wichtige Szenen der Stadtgeschichte. Das **Hohe Haus** (1294) Ecke Zollernstraße/Hohenhausgasse war mit sieben Stockwerken zu seiner Zeit höchstes profanes Gebäude der Stadt.

MUSEEN
Im ehem. Zunfthaus der Metzger (1454) stellt das **Rosgartenmuseum** die Kunst- und Kulturlandschaft des Bodensees eindrucksvoll dar (Rosgartenstr. 3, www.rosgartenmuseum.de; Di.–Fr. 10.00–18.00, Sa./So./Fei. bis 17.00 Uhr). Im Mittelpunkt des **Archäologischen Landesmuseums** steht die Entwicklung der Siedlung vom Pfahlbaudorf zur mittelalterlichen Bischofsstadt (Benediktinerplatz 5, www.konstanz.alm

Konstanz: Passagierschiff „Karlsruhe" an der Hafenmole; Münster Unserer Lieben Frau; Stadtführung in der Niederburg

-bw.de; Di.–So., Fei. 10.00–17.00 Uhr). Auch dem Reformator **Jan Hus** ist ein Museum gewidmet (Hussenstr. 64, www.konstanz.de; April–Sept. Di.–So. 11.00–17.00, sonst bis 16.00 Uhr).

AKTIVITÄTEN
3500 Süß- und Salzwasserfische schwimmen in den 30 Becken des **Sea Life**. Besucher können den Lauf des Rheins verfolgen oder durch einen 8 m langen Glastunnel ins Rote Meer eintauchen (Hafenstr. 9, www.visitsealife.de; tgl. 10.00 bis 17.00, Aug. bis 18.00 Uhr).
Das **Seenachtfest** (2. Aug.-Wochenende; www.konstanz-seenachtfest.de) findet am Samstagabend seinen Höhepunkt im Feuerwerk.

EINKAUFEN
In den **Konstanzer Gassen** mit vielen kleinen, besonderen Geschäften lässt sich wunderbar bummeln. Shop an Shop bietet das **Einkaufszentrum Lago** am Bahnhof.

UMGEBUNG
Im Seecafé im schweizerischen **Gottlieben** (westl.) gibt es Hüppen, hauchdünne, gerollte Waffeln mit cremiger Füllung (Espenstr. 6).

Arenenberg (westl.), angeblich das schönste Schloss am Bodensee, gehörte 1807–1906 der Familie Bonaparte, woran ein Napoleonmuseum erinnert (CH-8268 Salenstein, www.napoleonmuseum.tg.ch; April–Sept. tgl. 10.00–17.00 Uhr, sonst nur Di.–So.).

INFORMATION
Tourist-Information, Bahnhofplatz 43, 78462 Konstanz, Tel. 07531 13 30 32, www.konstanz-tourismus.de

❷ Reichenau

Im frühen und Hochmittelalter war die Klosterinsel (Gründung 724) eine der Keimzellen der christlich-abendländischen Zivilisation. 2000 wurde sie als Kulturlandschaft UNESCO-Welterbestätte. 2004 siedelten sich wieder Mönche auf der Insel an. Mit dem Fahrrad kann man die Insel leicht umrunden, vorbei am legendären Reichenauer Gemüse.

SEHENSWERT

Drei **romanische Kirchen TOPZIEL** entstanden zwischen dem 9. und 12. Jh. Das **Münster St. Maria und Markus** in **Mittelzell** war Klosterkirche; die erste Klosteranlage (8. Jh.) ist nur noch in Spuren vorhanden. Das östl. Querhaus und die Vierungsbögen des Münsters stammen von der Basilika von 816. Der Westteil wurde bis 1048 umgebaut, im 15. Jh. der Bau des gotischen Chores im Osten des Münsters begonnen (1555 beendet). Zu Beginn des 17. Jh. entstanden neue Konventsgebäude auf der Südseite des Münsters (heute Pfarrhaus und Gemeindeverwaltung). Die Schatzkammer zeigt Kunstwerke und Kultgegenstände des 5.–18. Jh. (April–Sept. Mo.–Sa. 10.00–12.00, 15.00–17.00 Uhr, Okt. nur vorm.). Richtung See liegt ein Kräutergarten wie einst der des Abtes Walahfrid Strabo. Die **Kirche St. Georg** in **Oberzell** entspricht noch weitgehend der Basilika des ausgehenden 9. Jh. Acht großflächige Wandbilder (Ende 10. Jh.) zählen zu den frühesten Zeugnissen ihrer Art nördlich der Alpen (April–Okt. tgl. 9.00–17.00, Führung: Mo. 17.00 Uhr). In **Niederzell** entstand im 11. Jh. die **Kirche St. Peter und Paul** als dreischiffige Basilika auf den Fundamenten der alten Peterskirche von 799. Die Malerei in der Apsis stammt von 1104/1105.

MUSEUM

Der St. Galler Klosterplan und weitere Dokumente sind im **Klostermuseum** zu sehen (Ergat 1, www.museumreichenau.de; April–Okt. tgl. 10.30–16.30, Juli/Aug. bis 17.30, sonst Sa./So./Fei. 14.00–17.00 Uhr).

UMGEBUNG

Das **Wollmatinger Ried** an der Mündung des Seerheins in den Untersee ist Lebensraum für rund 300 Vogelarten. Das Ried ist über Informationspfade ab den Bahnhöfen Hegne, Reichenau und Wollmatingen zugänglich.

Tipp

Begegnungen im Grünen

. . . .

Manche Gärten sind nur an einigen Tagen im Jahr zu besichtigen, andere stehen immer offen. Beim „Garten-Rendezvous am Untersee" zeigen Privatleute und Gärtnereien ihre kleinen und großen Paradiese. Sie stehen in einer langen Tradition, denn schon um 840 hat Walahfrid Strabo auf der Reichenau ein Lehrgedicht zur Gartenkunst geschrieben. Sein Kräutergarten neben dem Münster gehört auch zu den Rendezvous-Gärten, über die eine Broschüre informiert.

Regio Konstanz-Bodensee-Hegau, Obere Laube 71, 78462 Konstanz, Tel. 07531 13 30 40, www.bodenseewest.eu

Rheinfall bei Schaffhausen; Ruine der Festung Hohentwiel

INFORMATION

Tourist-Information, Pirminstr. 145, 78479 Insel Reichenau, Tel. 07534 9 20 70, www.reichenau-tourismus.de

③ Gaienhofen

Auf der Halbinsel Höri liegt der Ort (3300 Einw.), in dem die Erinnerung an Hermann Hesse und Otto Dix lebendig blieb.

SEHENSWERT

Das ehem. Schul- und Rathaus im Dorfkern ist heute **Hermann-Hesse-Höri-Museum.** Neben dem Höri-Museum steht das Bauernhaus, in dem die Familie Hesse 1904–1907 wohnte (Kapellenstr. 8, www.hesse-museum-gaienhofen.de; Mitte März–Okt. Di.–So. 10.00–17.00, sonst Fr./Sa. ab 14.00, So. ab 10.00 Uhr). Das Haus, Hesse 1907–1912 bewohnte, ist inkl. Garten bei Führungen zu besichtigen (Hermann-Hesse-Weg 2, www.hermann-hesse-haus.de; Mitte April–Okt.). 1936 zog der Maler **Otto Dix** (1891–1969) an den Bodensee, wo er bis zu seinem Tod lebte; sein Haus in einzigartiger Lage ist jetzt Museum (Otto-Dix-Weg 6, Gaienhofen-Hemmenhofen, www.kunstmuseum-stuttgart.de; Mitte März–Okt. Di.–So. 11.00–18.00 Uhr).

INFORMATION

Kultur-und Gästebüro, Im Kohlgarten 2, 78343 Gaienhofen, Tel. 07735 9 99 91 23, www.gaienhofen.de

④ Stein am Rhein

An dem einst bedeutenden Handelsplatz (3500 Einw.) verlässt der Rhein den Bodensee. Bereits zu Römerzeiten überquerte hier eine Brücke den Fluss. 1007 wurde das Kloster St. Georgen etabliert, was auch zum Marktrecht führte. Seit dem 15. Jh. gehört Stein zur Eidgenossenschaft.

SEHENSWERT

Die mittelalterlichen Häuser am **Rathausplatz TOPZIEL** beeindrucken mit reicher Fassadenmalerei. Am **Weißen Adler** (Oberstadt 1) ist die älteste erhaltene Renaissancefassade (um 1530) der Schweiz zu sehen. Das Ensemble des **Bürgerasyls** (15.–18. Jh., Oberstadt 3) ist eindrucksvoll restauriert und gibt auch einen Ein-

blick in das Leben eines Armenhauses. Die ehem. **Benediktinerabtei St. Georgen** gilt als eine der besterhaltenen Schweizer Klosteranlagen; trotz vieler baulicher Eingriffe bis ins 19. Jh. ist die Anlage noch von Gotik (Kreuzgang) und Renaissance (Festsaal, um 1515) geprägt (Klostermuseum, www.klostersanktgeorgen.ch; April–Okt. Di.–So. 13.00–17.00 Uhr).

MUSEEN

Im ältesten original erhaltenen Haus (1302) der Stadt sind **Krippen** ausgestellt (Oberstadt 5, www.krippenwelt-ag.ch; Mitte März–Mitte Jan. Di.–So. 10.00–17.00 Uhr, Dez. bis Mitte Jan. tgl.). Einblicke in bürgerliche Wohnkultur des 19. Jh. gibt das **Museum Lindwurm** (Understadt 18, www.museum-lindwurm.ch; März–Okt. Di.–So. 10.00–17.00 Uhr).

UMGEBUNG

Von Stein am Rhein sind es noch 22 km bis zum größten **Wasserfall** Europas bei **Schaffhausen TOPZIEL** (www.rheinfall.ch). Idealerweise legt man die Strecke mit dem Schiff zurück (Schweizerische Schifffahrtsgesellschaft Untersee und Rhein, Tel. 0041 52 6 34 08 88, www.urh.ch). Auf alle Fälle sollte man einen Rundgang in Schaffhausen einplanen, der Stadt der Erker.

INFORMATION

Tourismus Stein am Rhein, Oberstadt 3, CH-8260 Stein am Rhein, Tel. 0041 52 6 32 40 32, www.tourismus.steinamrhein.ch

⑤ Singen

Die Stadt am Hohentwiel (48 000 Einw.) wurde durch den Würzmittelhersteller Maggi gegen Ende des 19. Jh. zu einer Industriestadt.

SEHENSWERT

Deutschlands größte Festungsruine (urspr. 10. Jh., www.festungsruine-hohentwiel.de; April–Mitte Sept. tgl. 9.00–19.30, Mitte Sept.–Okt. 10.00 bis 18.00, sonst bis 16.00 Uhr) auf dem **Hohentwiel**, einem von 9 Hegauvulkanen, bietet einen beeindruckenden Ausblick auf See und Alpen.

MUSEEN

Die Geschichte von der Altsteinzeit bis ins frühe Mittelalter kann man im **Archäologischen Hegau-Museum** im Singener Schloss

(1810) nachvollziehen (Am Schlossgarten 2, www.singen-kulturpur.de; Di.–Sa. 14.00–18.00, So./Fei. bis 17.00 Uhr). Moderne und zeitgenössische Kunst aus der „Vierländerregion Bodensee" zeigt das **Kunstmuseum Singen** in Einzel- und Sammlungsausstellungen (Ekkehardstr. 10, www.kunstmuseum-singen.de; Di. bis Fr., 14.00–18.00, Sa./So. 11.00–17.00 Uhr). Das **Museum Art & Cars** bringt moderne Kunst und alte Autos zusammen (Parkstr. 1, www.museum-art-cars.com; Mi.–So. 11.00 bis 17.00 Uhr).

INFORMATION
Tourist-Information, Marktpassage, August-Ruf-Str. 13, 78224 Singen, Tel. 07731 8 52 62, www.tourismus.in-singen.de

❻ Radolfzell

Bischof Radolf von Verona hat den heutigen Kurort (31 000 Einw.) 826 als Mönchsniederlassung gegründet. Im Mittelpunkt steht das spätgotische **Münster Unserer Lieben Frau** (1436–1550). Der neugotische Hochaltar kam Ende des 19. Jh. in das Gotteshaus. Der Kirchturm ist mit 82 m der höchste am Bodensee. Neben der Kirche ist eine Kopie der Ölbergszene zu sehen, die Originalfiguren (2. Hälfte 15. Jh.) befinden sich im Münster.

MUSEUM
Im Haus der ehem. Stadt-Apotheke wird die **Stadtgeschichte** beleuchtet. Eine Apothekeneinrichtung aus dem 19. Jh. ist original erhalten (Seetorstr. 3, www.stadtmuseum-radolfzell.de; Di.–So. 11.00 bis 17.00 Uhr).

AKTIVITÄTEN
Mehrere **Bäder** locken an und ins Wasser: Seebad Mettnau, Strandbad Mettnau, Strandbad Markelfingen. Das Wassersportzentrum bietet **Segelkurse** an. An der 3 km langen Uferpromenade kann man sich auch ohne Bodenseeschifferpatent ein Boot ausleihen.

UMGEBUNG
Bären, Luchse, Mufflons, Wisente und andere Tierarten leben im **Wild- und Freizeitpark Allensbach** (7 km östl.; Gemeinmärk 7, www.wildundfreizeitpark.de; Mai–Sept. tgl. 9.00–17.00, sonst ab 10.00 Uhr). Von **Allensbach** (7000 Einw.; 9 km südöstl.) hat man den schönsten Blick auf die Insel Reichenau; bundesweit ist der Ort durch das 1947 gegründete Institut für Demoskopie bekannt. Die Krypta unter der Kirche des **Klosters Hegne** (12 km südöstl.) mit dem Grab der seligen Ulrika (1882–1913) hat sich zu einem viel besuchten Pilgerort entwickelt; der Bau geht auf ein Sommerschloss der Konstanzer Bischöfe zurück (Konradistr. 12, Allensbach, www.kloster-hegne.de).

INFORMATION
Tourist-Information, Seestraße 30, 78315 Radolfzell, Tel. 07732 8 15 00, www.radolfzell-tourismus.de

ENTSPANNTE INSEL-RUNDE AUF DEM RAD

Ob am Morgen, Mittag oder Abend, eine Runde um die Insel Reichenau auf dem Fahrrad ist gemütlich und entspannend. Abends vielleicht ein Ausgleich zu einem Museums- und Stadttag, morgens oder mittags eine Tour mit vielen kulturellen Stationen.

Wer kein Rad im Gepäck hat, kann sich beim Freizeit-Center neben dem Campingplatz Sandseele ein E-Bike oder Trekking-Rad leihen. Der Startpunkt dort ist auch ein attraktiver Zielpunkt. Tagsüber lockt der Badestrand, abends die Restaurant-Terrasse mit Blick auf die Hegau-Berge und den Untersee inklusive tollem Sonnenuntergang. Aber nun erst einmal auf die Räder und los!

Nach 1 km erreicht man bereits die erste romanische Kirche, die die UNESCO zum Weltkulturerbe erklärt hat: St. Peter und Paul in Niederzell. Weiter geht es auf dem gut markierten Radweg zum Münster St. Maria und Markus in Mittelzell mit einem Kräutergarten in der Art, wie Abt Walahfrid Strabo einst einen Garten angelegt hat. Nun geht es zum Seeufer und weiter vorbei an Blu-

Auch das Münster St. Maria und Markus gehört zum UNESCO-Weltkulturerbe.

menwiesen und Gewächshäusern. Über die Kirche St. Georg in Oberzell geht es über den Hafen der Insel zurück zum Startpunkt. Jetzt ein Bier von der Reichenauer Insel-Brauerei, die alle Zutaten regional bezieht. An manchen Tagen können sich Bierfreunde in der Brauwerkstatt durch alle Produkte der Insel-Brauerei kosten (Termine auf der Homepage).

Die **Radtour um die Reichenau** ist ca. 15 km lang, ab Konstanz 26 km, ohne nennenswerte Steigungen. www.bodensee-radweg.com

Radverleih von Ostern bis Sept.: Freizeit-Center, Zum Sandseele 1, 78479 Reichenau, Tel. 07534 9 95 87 77, www.freizeitcenter-reichenau.de

Brauwerkstatt Reichenauer Inselbier: Am Vögelisberg 7, 78479 Reichenau, www.reichenau-inselbier.de; April–Sept. Di.–Sa., sonst Fr. und Sa

Die feinsten See-Weine

BURGUNDERLAND AM BODENSEE

Sehr unterschiedlich sind die Böden rund um den See, doch auf allen wachsen Trauben heran, die sich hervorragend in Wein verwandeln lassen. Vor allem in Spätburgunder, aber auch in Müller-Thurgau, Weiß- und Grauburgunder. Die Wasserfläche spiegelt das Sonnenlicht in die Rebhänge und wärmt die Trauben.

❸ Wandern im Weinberg

Viele Wege führen in Meersburg zum Wein – etwa über das Glaserhäusle, die ehemalige Künstlervilla Ödenstein und den Himmelbergweg oder über das Fürstenhäusle von Annette von Droste-Hülshoff und die Weinberge des Jungfernstiegs. Das Staatsweingut Meersburg bietet mehrere Touren durch die Weinberge an, bei denen faszinierende See-Blicke und viel Weinwissen garantiert sind.

Weinverkauf: Mo.–Fr. 9.00 bis 18.00, Sa. bis 16.00, April bis Okt. auch So. 11.00–18.00 Uhr Weinwanderung ab 8 Personen
Staatsweingut Meersburg, Seminarstraße 6, 88709 Meersburg, www.staatsweingutmeersburg.de

❷ Markgräfliche Kellerei in Salem

Seit dem Mittelalter pflegen die Markgrafen von Baden in ihren Weinbergen, die zu den höchstgelegenen Deutschlands zählen, die Burgundertradition. 54 Prozent der jährlichen Produktion machen Burgundersorten aus, gefolgt von Müller-Thurgau und anderen Rebsorten. Eingeteilt sind die Tropfen in die Qualitätsstufe „Gutsweine" – Weine für jeden Tag –, „Ortsweine", die typisch sind für die jeweilige Region, „Erste Lage" aus ausgesuchten Lagen der älteren Weinberge und „Große Lage", die

Spitze der Weinbaukunst. Weinverkauf im Schloss: Mo.–So. 10.00–18.00 Uhr; Weingut Markgraf von Baden, Schloss Salem, 88682 Salem, www.markgraf-von-baden.de

Weinverkauf im Birnauer Oberhof: Di.–So. 10.00 bis 18.00 Uhr
Oberhof 1 a
88690 Uhldingen-Mühlhofen
www.birnauer-oberhof.de

Im markgräflichen Restaurant „Schwanen" im Schlossbezirk kann man alle Weine verkosten: www.schloss hotel-schwanen.de

❶ Vineum in Meersburg

Das Haus ist alt und innen ziemlich schief, aber es präsentiert die Kulturgeschichte des Weins modern und sehr geradlinig. Das im Juli 2016 im ehemaligen Heilig-Geist-Spital in Meersburg eröffnete Vineum spricht alle Sinne an, auch den Geschmackssinn. Am Ende des Rundgangs kann man sich ein bisschen von den Bodenseeweinen zapfen,

die man schon immer mal kosten wollte – und dabei erraten, welche der Aromen, die man zuvor mit der Nase erkundet hat, nun auf dem Gaumen liegen.

April–Okt. Di.–So., sonst Sa., So., Fei. 11.00–18.00 Uhr;
Vineum Bodensee,
Vorburggasse 11,
88709 Meersburg,
www.vineum-bodensee.de

(Karte: Bodensee-Region mit Sigmaringen, Donau, Baden-Württemberg, Stockach, DEUTSCHLAND, Singen, Schaffhausen, Ravensburg, Meersburg, Friedrichshafen, Konstanz, Bodensee, Bayern, Lindau (Bodensee), Romanshorn, Rhein, Thur, Bregenz, Zürich, SCHWEIZ, St. Gallen, ÖSTERREICH, Zürich-see, Rhein, Walensee, LIECHTENSTEIN)

4 Bayerische Winzer am See

Zwölf Weingüter in Lindau, Wasserburg und Nonnenhorn stellen unter Beweis, dass Bayern im Voralpenland nicht nur Bier brauen können, sondern auch besondere Weine erzeugen. Das milde Klima und die eiszeitlichen bis vulkanischen Böden bringen vor allem fruchtige Weine hervor. Um sie kennenzulernen, muss man schon zu den Winzern hinfahren, etwa zur Familie Schmidt in Wasserburg. Denn jedes Weingut vermarktet seine Tropfen direkt. Gemeinsam präsentieren sie sich beim Winzerfestival „Komm und See" im Juli.

Adressen der Winzer am bayerischen Bodensee: www.kommundsee.de

5 Deftiges in der Rädlewirtschaft

Wer in den Weinorten des Bodensees unterwegs ist, sollte nach einem „Rädle", einem Rad, Ausschau halten. Damit locken die Winzer in ihre urigen Stuben und Höfe, die sie an 120 Tagen im Jahr öffnen dürfen, um ihren Wein auszuschenken. Dazu gibt es etwas Gutes, meist Deftiges, zu essen. Warum am Bodensee ein Rad den Weg weist und kein bunt geschmückter Besen? Angeblich, weil sich die Winzer reihum absprechen, wann sie öffnen, also „im Rad herum".

Adressen/Öffnungszeiten der Rädlewirtschaften: www.nonnenhorn.eu

6 Raritäten auf der Weinkarte

Vorarlberg ist nicht gerade die bekannteste Weinbauregion Österreichs, obwohl dort seit Jahrhunderten Wein angebaut wird. Heute sind es noch zwanzig Hektar, die von Winzern bewirtschaftet werden. Müller-Thurgau, Grüner Veltliner, Welschriesling oder roter Zweigelt werden angebaut, aber auch Chardonnay und Syrah wie im Weingut Möth, dem westlichsten Heurigen Österreichs.

Adressen der Winzer in Vorarlberg: www.weinregion-bodensee.com

7 Wy aus dem Thurgau

Grüner Veltliner muss nicht immer in Österreich wachsen. Er kann auch mal aus dem Thurgau kommen, allerdings eher als Rarität. Er ist fast so selten wie der Seyval Blanc aus der Kartause Ittingen, der sich hervorragend mit einem Appenzeller Fondue oder Raclette verbindet. Weitaus häufiger findet man den Müller-Thurgau, den Hermann Müller aus dem Thurgau in der Weinbauforschungsanstalt im hessischen Geisenheim gezüchtet hat.

Weinsorten und Winzer aus dem Thurgau: www.weinregion-boden see.com www.thurgauweine.ch Bioweine: www.biobodensee.net

8 Blauburgunderland

Der Blauburgunder spielt eindeutig die erste Geige im Kanton Schaffhausen. An drei von vier Rebstöcken wachsen Pinot-Noir-Trauben, obwohl diese als „Finöggel" gelten – als Mimosen. Doch genau das scheint die Winzer im Schaffhauser Land herauszufordern. Sie versuchen Jahr für Jahr, der roten Traube neue Facetten zu entlocken, und sind froh, dass die Pinot-Noir-Rebe so spät austreibt und ihr damit die Frühjahrsfröste im Kanton nichts anhaben können.

www.blauburgunderland.ch

HILFREICH & NÜTZLICH

Keine Reise ohne Planung. Auf den folgenden Seiten haben wir für Sie Wissenswertes und wichtige Informationen für Ihren Urlaub am Bodensee zusammengestellt.

Der Schaufelraddampfer Hohentwiel im Hafen von Lindau.

Anreise

Mit dem Auto: Die deutsche Seeseite ist über die A 81 oder über die A 96 gut erreichbar. In der Schweiz führt die A 7 nach Kreuzlingen, die A 1 nach Rorschach und die A 13 nach St. Margarethen. Von Vorarlberg aus kommt man über die österreichische A 12.

Mit dem Zug: Von Basel nach Konstanz kann man auf der deutschen Seite über Radolfzell fahren, auf Schweizer Seite über Zürich. Von Basel nach Friedrichshafen führt die Strecke über Singen, von Stuttgart nach Friedrichshafen oder Konstanz ebenfalls. Die Schwarzwaldbahn fährt von Karlsruhe nach Konstanz. Von München gibt es Verbindungen nach Lindau. Bregenz erreicht man von Österreich über die Bahn im Rheintal. In der Schweiz fahren die Züge meist über Zürich oder St. Gallen an den See. Mit dem „Bodensee Ticket" (www.bodensee-ticket.com) kann man in Deutschland, Österreich und der Schweiz Busse und Bahnen nutzen.

Mit dem Fernbus: Friedrichshafen, Konstanz, Lindau, Singen, Immenstaad, Meersburg, Überlingen und Bregenz sind mit deutschen Fernbuslinien erreichbar.

Mit dem Schiff: Zwischen Friedrichshafen und Konstanz fährt ein Schnellboot, eine Autofähre zwischen Konstanz und Meersburg sowie Friedrichshafen und Romanshorn. Informationen zur Bodenseeschiffahrt gibt's unter www.schiffe-am-bodensee.ch.

Auskunft

Bodensee-Tourismus Service GmbH, Fritz-Arnold-Str. 16, D-78467 Konstanz, Tel. 0049 7531 12 72 50, www.der-bodensee.de
Internationale Bodensee Tourismus GmbH, Hafenstr. 6, D-78462 Konstanz, Tel. 0049 7531 90 94 90, www.bodensee.eu
Bodensee-Linzgau Tourismus e.V., Schloss Salem, D-88682 Salem, Tel. 0049 7553 91 77 15, www.bodensee-linzgau.de
Bodensee-Vorarlberg Tourismus, Römerstr. 2, A-6900 Bregenz, Tel. 0043 5574 43 44 30, www.bodensee-vorarlberg.com
St. Gallen-Bodensee Tourismus, Bankgasse 9, CH-9001 St. Gallen, Tel. 0041 71 2 27 37 37, www.st.gallen-bodensee.ch
Thurgau Tourismus, Friedrichshafnerstr. 55a, CH-8590 Romanshorn, Tel. 0041 71 531 01 31, www.thurgau-bodensee.ch

Deutsche Bodensee Tourismus GmbH, Karlstraße 13, D-88045 Friedrichshafen, Tel. 0049 75 41 37 83 40, www.echt-bodensee.de Mit der kostenlosen App „Echt Bodensee" kann man seinen Ausflug individuell planen.

Ermäßigungen

Auf sechs Monate kann man die Erlebnistage der Bodensee Card plus verteilen, die es für 3 und 7 Tage gibt (www.bodensee-card.eu). In den einzelnen Orten oder ganzen Bodenseeregionen, z. B. am Untersee, erhalten Urlauber mit der kostenlosen Gästekarte Ermäßigungen in Bädern, Freizeiteinrichtungen und Museen, teilweise ist der öffentliche Nahverkehr frei.

Essen und Trinken

Wer am Bodensee Urlaub macht, sollte natürlich auf alle Fälle **Fisch** essen. Es muss ja nicht immer der klassische Felchen (Renke) sein. Aal, Barsch, Hecht, Seeforelle oder Seesaibling schmecken auch sehr gut.
Wer mit Fisch so gar nichts anfangen kann, ist vielleicht von einem knusprigen **Rostbraten** mit Röstzwiebeln, einem gut geschmorten Braten oder einem Wildgericht angetan. **Kutteln, Leberle** und **Nierle** in säuerlicher Weinsoße sind nicht jedermanns Geschmack, aber wer sie mag, findet die Innereien häufiger auf der Speisekarte. Zum Fisch werden gern Kartoffeln serviert, zum Fleisch eher Spätzle, mit einer Mischung aus Butter und Semmelbröseln abgeschmälzt; am bayerischen und österreichischen Ufer müssen es natürlich Knödel sein. Als Beilage oder als Hauptgericht führt kein Weg am **Gemüse** und **Salat** von der Insel Reichenau vorbei. Am Untersee backt man zum Salat gern **Dünne**, einen Teigfladen, beliebig belegt, auf der Halbinsel Höri natürlich mit Bülle, der roten Zwiebel, die nur dort wächst. Am bayerischen Ufer am Obersee kommen **Weißwürste** und **Leberkäse** auf den Tisch, ebenso wie **Kässpatzen** – Spätzle mit Käse und Röstzwiebeln, eine herzhafte, aber sehr nahrhafte Speise. Um **Käse** dreht sich auch alles am österreichischen und Schweizer Ufer. Die Vorarlberger machen aus Käse Suppe oder backen Fladen mit Käsebelag, die Käsdönnala. In der Schweiz ist Käsefondue fast schon Pflicht, aber wer Angst hat, dass sein Brot ständig im gelben

See verschwindet, kann auf Chäs-Maggerone oder Fleischfondue umsteigen.
Das Schweizer Nationalgericht **Rösti** – Röschdi gesprochen –, besteht aus geriebenen gekochten oder rohen Kartoffeln, die zu einem flachen Fladen gepresst und in Butter ausgebacken werden; lecker zu Zürcher Geschnetzeltem. Zum **Dessert** liegt man mit Schokolade oder Schoggi immer gut. Oder, in der gesunden Variante, mit Bodenseeobst.
Nicht ganz so gesund, aber wohltuend sind die Äpfel, Birnen, Zwetschgen und Kirschen vom See in destillierter Form, als **Obstbrand**. Gegen den Durst findet man eine Fülle von Säften, nicht nur in „Mostindien", wie die Innerschweizer den Thurgau nennen. Wo einer der besten Hopfen der Welt wächst, in Tettnang, muss ein **Bierchen** sein. Weniger bekannt sind die **Weine** vom Bodensee, die es aber in beachtlicher Qualität gibt. Traditionell sind Spät-, Grau- und Weißburgunder, die Winzer versuchen ihr Glück aber auch mit Chardonnay oder Cabernet Sauvignon und anderen Rebsorten (www.weinregion-bodensee.com).

Feiertage und Feste

Die **Schwäbisch-Alemannische Fasnet** prägt im Januar und Februar das Festgeschehen rund um den Bodensee. Es beginnt am Dreikönigstag (6. Jan.) mit dem Abstauben der Larven und endet in Vorarlberg mit dem Funkenfeuer am Sonntag nach Aschermittwoch. Mit den **Schwedenprozessionen** am zweiten Sonntag im Mai und im Juli erfüllen die Überlinger ein Gelübde, das sie ablegten, als die Schweden im Juli 1634 die Belagerung ihrer Stadt aufgegeben hatten. Im Mai erinnern sie an den Überfall der Schweden 1632, im Juli an den Abzug der Skandinavier. Am Montag nach dem Pfingstmontag ist auf der Insel Reichenau Feiertag; das **Heilig-Blut-Fest** geht auf ein Abtkreuz zurück, das 925 mit blutgetränkter Erde von Golgatha in den Besitz des Klosters gelangte. Am dritten Wochenende im Juli ehren die Radolfzeller seit 1725 ihre drei heiligen **Hausherren** mit einem Festwochenende. Den Abschluss bildet am Montag die **Mooser Wasserprozession**.

ober schwaben allgäu

FERIENLAND ZWISCHEN DONAU UND BODENSEE

ROUTEN-FÜHRER **KOSTENFREI** ERHÄLTLICH!

IM HIMMELREICH DES BAROCK

Beeindruckende Klöster, prunkvolle Schlösser, Abteien und Kirchen: Bescheidenheit war keine Zier in der Epoche des Barock. Üppige Formen und verschwenderische Pracht prägten die Architektur der opulenten Sehenswürdigkeiten in der Ferienregion Oberschwaben-Allgäu. Über 50 Erlebnisstationen von der Schweiz über den Bodensee bis an den Rande der Schwäbischen Alb verknüpft die Oberschwäbische Barockstraße auf vier Routen und lädt zum Staunen, Schwelgen und Genießen ein.

Dabei vereint sie eine Fülle an Kulturschätzen, deren Vielfalt sich auf verschiedene Arten entdecken lässt. Mit dem Reisemobil, dem Rad, dem Oldtimer oder zu Fuß entlang des Oberschwäbischen Jakobuswegs – Kulturinteressierte finden an der Oberschwäbischen Barockstraße immer zum nächsten Ziel.

Kultur aus dem Fahrradsattel erleben
Radtouristen können dem Oberschwaben-Allgäu-Radweg folgen, der auf 365 Kilometern an vielen kulturellen Highlights der Ferienregion vorbeiführt. Barocke Kirchen und Klöster, aber auch herrschaftliche Burgen und Schlösser säumen die Bilder-

buchstrecke, die immer wieder die Hauptroute der Oberschwäbischen Barockstraße kreuzt. Ein Höhepunkt ist das Kloster Ochsenhausen, das als ehemalige Benediktiner-Reichsabtei zu den größten Klosteranlagen entlang der beliebten Ferienstraße zählt. Zu den weiteren Anziehungspunkten zählen das Neue Schloss Tettnang mit seinem eindrucksvollen Deckenfresko im Bacchussaal sowie die historischen Altstädte von Leutkirch im Allgäu und Isny im Allgäu.

Dolce Vita mit Erholungsfaktor
Die Barockzeit und das italienische Lebensgefühl sind untrennbar miteinander verbunden. Für die barocken Baumeister gehörte ein Studium in Italien zur guten Ausbildung dazu, weshalb einige der Bauten, eingebettet in die wunderschöne Natur, an mediterrane Urlaubsziele erinnern. Ob mit dem Oldtimer oder dem Reisemobil – die farbenfrohen Innenausschmückungen, wie beispielsweise im Kloster Wiblingen, laden zum Staunen ein! Ein kleiner Tipp für alle, die die Oberschwäbische Barockstraße ausgiebig erleben möchten: Reisemobilisten finden entlang der Routen zahlreiche Stellplätze wie beispielsweise in Bad Waldsee, Bad

Saulgau und Bad Wurzach – in direkter Nähe der Thermalbäder der Region. Insgesamt sechs Wellness-Sterne leuchten am Barockhimmel und sorgen für entspannte Stunden nach einem erlebnisreichen Tag.

Barock erleben
Die prachtvollen Bauten sind nicht nur ein Genuss fürs Auge. Viel mehr eröffnen sich den Besuchern im Rahmen von Themenführungen, bei Barockkonzerten oder weiteren Veranstaltungen zahlreiche Facetten der barocken Welt. Besonders im Rahmen der BAROCKwoche, die jährlich im August stattfindet, wird eine immer wechselnde und vielfältige Auswahl an Veranstaltungshighlights für Kulturliebhaber geboten.

INFORMATIONEN UND SERVICE

Oberschwaben Tourismus GmbH
Neues Kloster 1
88427 Bad Schussenried
Tel.: +49 (0)7583 92638-0
info@oberschwaben-tourismus.de
www.oberschwaben-tourismus.de
www.himmelreich-des-barock.de

Von der Gutsschänke des Meersburger Staatsweinguts bietet sich ein prächtiger Panoramablick über den See.

In geschmückten Booten rudern die Bürger von Moos auf der Halbinsel Höri über den See. Im Sommer gibt es rund um den Bodensee immer einen Ort, in dem ein Fest gefeiert wird. Das größte ist das **Seenachtfest** in Konstanz mit einem Feuerwerk, das sowohl von Kreuzlingen als auch von Konstanz aus gezündet wird und insgesamt fast 100 000 Besucher anzieht. Am 1. August feiern die Schweizer ihren **Nationalfeiertag** ebenfalls mit großem Feuerwerk. Das **Büllefest** in Moos am ersten Oktobersonntag ist der Spezialität der Halbinsel Höri, der roten Zwiebel, gewidmet. Auf der Mainau pflegt die Familie Bernadotte ihr schwedisches Erbe mit dem **Mittsommerfest** im Juni und **Lucia-Singen** im Dezember. In der Adventszeit laden in Konstanz, Lindau, Friedrichshafen, Überlingen, St. Gallen, Bregenz, Dornbirn und Feldkirch **Weihnachtsmärkte** zum Bummeln ein (www.bodensee.eu).

Geld

In Österreich gilt der Euro, in der Schweiz und in Liechtenstein der Schweizer Franken. Man kann aber auch dort mit Euro bezahlen, der dann zum Tageskurs gewechselt wird. Selbst an Automaten kann man oft mit beiden Währungen bezahlen. Eventuell bekommt man jedoch Schweizer Franken als Rückgeld.

Literatur

Der Bodensee spielt nicht nur in den Werken **Martin Walsers** immer wieder eine Rolle. Es gibt mehrere Sammelbände mit Geschichten vom Schwäbischen Meer und essayistischen Betrachtungen.
Wie überall in Deutschland ermitteln auch am See Privatdetektive und Kommissare in **Regionalkrimis**. Anja Jonuleit, Walter Christian Kärger, Manfred Megerle, Matthias Moor und Tina Schlegel denken sich für den Emons-Verlag finstere Machenschaften am Bodensee aus, Henry Gerlach, Monika Küble und Erich

Schütz für den Gmeiner-Verlag, Jakob Maria Soedher für die Edition Hochfeld, um nur einige Autoren zu nennen.
Der Oase-Verlag in Badenweiler versteht es, **Genuss und Information** auf unterhaltsame Weise zusammenzubringen. Für den Bodensee liegt der Band „Bodensee – 30 kulinarische Eskapaden" vor. Wer gute Cafés sucht, findet in „Süßer Bodensee" aus dem Silberburg-Verlag viele Vorschläge und auch Rezepte.

Öffnungszeiten

In Baden-Württemberg ist den Geschäftsleuten freigestellt, wie lange sie öffnen wollen. Einkaufszentren schließen hier meist um 22.00 Uhr. In Bayern dürfen Geschäfte nur zwischen 6.00 und 20.00 Uhr geöffnet sein. In kleinen Orten sollte man mit einer Mittagspause rechnen. Am österreichischen Ufer dürfen die Geschäfte Montag bis Freitag von 5.00–21.00 Uhr geöffnet sein, Samstag bis 18.00 Uhr.
In der Schweiz kann man üblicherweise zwischen 8.00 und 12.00 sowie zwischen 14.00 und 17.00 Uhr einkaufen, in Städten meist ohne Mittagspause bis 19.00, Samstags bis 17.00 Uhr. In einigen Orten ist einmal pro Woche bis 21.00 Uhr geöffnet. In Feriengebieten sind längere Öffnungszeiten möglich.

Restaurants

Von der Rädlewirtschaft bis zum Sternelokal ist man am Bodensee bestens versorgt. Eine kleine Auswahl wird auf den Infoseiten vorgestellt. Dabei gelten diese Preiskategorien:

Preiskategorien

€ € €	Hauptspeisen	über 35 €
€ €	Hauptspeisen	15 – 35 €
€	Hauptspeisen	bis 15 €

Sport

Inlineskaten: Die gut asphaltierten Radwege sind auch zum Inlineskaten bestens geeignet. So führt eine schöne Strecke etwa von Konstanz nach Romanshorn. Seit der Radweg rund um die Reichenau neu angelegt wurde, ist der Belag auch für Inlineskater ein Genuss. Weitere Strecken: www.bodensee-skating.de.
Radfahren: Der Bodensee-Radweg zählt zu den schönsten Radwanderwegen Europas. Wer in Konstanz beginnt und im Uhrzeigersinn fährt, radelt immer auf der Seeseite des Wegs. Sehr geübte Fahrer schaffen die Runde angeblich an einem Tag, Hobbyradlern wird mindes-

Info

Daten & Fakten

Landesnatur und Klima: Der größte deutsche See zeichnet sich durch mildes Klima aus, weshalb mediterrane Pflanzen unter freiem Himmel überwintern können. Im Sommer heizt die Sonne das Seewasser auf, sodass es durchaus 20 °C warm werden kann. Im Okt. und Nov. wird die Wärme langsam abgegeben, Nebel bildet sich, der sich tagelang, manchmal wochenlang nicht auflöst. Wenn früh im Herbst strenge Frostwetterlagen eintreten, kühlt das Wasser so stark ab, dass der See zufriert. Eine solche Seegfrörne kommt statistisch alle 70 Jahre vor, die letzte war 1962/1963. Der Wasserstand kann bis zu 2 m differieren. Im Febr. ist er am niedrigsten, im Juni/Juli am höchsten. Die Uferlänge beträgt 273 km. Der Wasserspiegel liegt 395 m über Meeresniveau. Die maximale Tiefe des Sees beträgt 254 m. Der Bodensee gliedert sich in Obersee, Überlinger See und Untersee.
Bevölkerung: Der Bodensee ist eine Wachstumsregion. 2018 lebten 4,11 Mio. Menschen in der internationalen Region, 15,4 % mehr als 2000. Die durchschnittliche Bevölkerungsdichte liegt bei 312 Personen/km².
Wirtschaft: Entsprechend dem Bevölkerungswachstum stieg auch die Zahl der Erwerbstätigen rund um den Bodensee. Zurzeit arbeiten 2,3 Mio. Menschen im Dienstleistungssektor (73 %), im produzierenden Gewerbe (25 %) und in der Landwirtschaft (2 %). Wichtige Wirtschaftszweige sind die Luft- und Raumfahrtindustrie, der Maschinenbau, die metallverarbeitende Industrie, Automobilzulieferer, Elektronik, Textilindustrie und natürlich der Tourismus.

Feuersteindolch mit Holundergriff, Pfahlbausiedlung Allensbach, 2900-2800 v. Chr.

ARCHÄOLOGISCHES LANDESMUSEUM BADEN-WÜRTTEMBERG IN KONSTANZ

ARCHÄOLOGIE HAUTNAH ERLEBEN

Im Archäologischen Landesmuseum in Konstanz können Sie abtauchen und dabei auf 3.000 qm uralte, einmalige archäologische Funde aus 7.000 Jahren entdecken. Begeben Sie sich auf eine spannende Zeitreise vom Mittelalter bis zurück in die Steinzeit und erleben Sie Ihre Ferienregion einmal ganz anders.

Bundesweit einzigartig ist die große Mittelalterausstellung, die sich besonders dem Konstanzer Stadtleben widmet. Weitere Highlights sind das Lastschiff von Immenstaad aus dem 14. Jahrhundert oder „Die Welt der Pfahlbauten" mit sensationellen Funden aus dem UNESCO Welterbe. Einmalig ist die vollständig erhaltene Leier aus dem Grab eines alamannischen Kriegers von Trossingen aus dem 6. Jahrhundert.

Das Museum befindet sich in den historischen Räumlichkeiten eines ehemaligen Benediktinerklosters. Alle Räume sind barrierefrei erreichbar, dazu gibt es ein Spielzimmer für kleine und große Kinder sowie Wickelmöglichkeiten für die ganz Kleinen.

Für digitale Schatzsucher verstecken sich im ALM gut getarnte Geocaching-Locations. Die kostenlose App „ALM Audioguide" bietet Erwachsenen Informationen zur Dauerausstellung und begleitet kleine Besucher durch „Archäologie&Playmobil". Das freche Maskottchen Alma erläutert Szenen und erklärt Kindern die historischen Hintergründe.

Öffnungszeiten: Di.-So., feiertags: 10-17 Uhr (ab 24. 07. 21 bis 18 Uhr)
Öffentliche und private Führungen: auf Anfrage;
kostenlose Impulsführungen: sonntags, ab 11 Uhr
Exponate, Geschichten & Aktionen bei Instagram (@alm_badenwuerttemberg)
Benediktinerplatz 5 | D-78467 Konstanz | Tel. +49 7531 98040 | www.alm-bw.de

tens eine Dreiteilung in Untersee, Überlinger See und Obersee empfohlen. Weitere Touren auf www.bodenseetouren.de.

Vielerorts kann man auch Fahrräder leihen.

Wandern: Die meisten Wanderwege führen eher etwas weg vom See, dafür in Höhen, von denen man einen guten Überblick hat. Leicht ist der Bregenzer Hausberg Pfänder mit der Bergbahn zu erreichen, um oben seine Runden zu drehen und dann hinabzuwandern. Beste Sicht auf die Alpen garantieren die Wanderwege im Fürstentum Liechtenstein. Die Rappenlochschlucht in Vorarlberg bietet ungewöhnliche Wandererlebnisse.

Wassersport: Wakeboarden kann man am Bodensee genauso wie segeln, tauchen und Kanu fahren. Oder man geht einfach in einem der vielen Strandbäder schwimmen.

Wer segelt, braucht am Bodensee für Boote mit mehr als 12 m² Segelfläche einen eigenen Segelschein, das Bodenseeschifferpatent der Kategorie D. Boote mit kleinerer Segelfläche und ohne Motor dürfen ohne Patent gesegelt werden. Für alle Boote gilt aber die Bodensee-Schifffahrts-Ordnung (BSO), die z. B. die Vorfahrt der Personenschifffahrt und der Berufsfischer regelt.

Wer segeln lernen will, findet mehrere Segelschulen; die älteste ist diejenige in Überlingen: www.segelschule-ueberlingen.de.

In Überlingen kann man bei einem zweitägigen Grundkurs auch Windsurfen lernen (www.surf schulebodensee.de). Eine weitere Surfschule ist in Wasserburg angesiedelt (www.surfschule -wasserburg.de). Surfen ist auf dem See nur in dafür freigegebenen Windsurfrevieren erlaubt. Sehr beliebt ist inzwischen auch SUP – Stand Up Paddling. Kurse bieten die Surfschulen an. Der Bodensee ist ein gutes Gebiet für ein- und mehrtägige Kanutouren. Der Bodensee-Kanuweg führt in vierzehn Tagesetappen um den See (www.lacanoa.de). Geführte Touren findet man auf www.naturfreundehaus-bodensee.de. Rund um den See gibt es viele Strand- und Freibäder. In Überlingen, Meersburg und Konstanz liegen Thermalbäder mit Saunalandschaften direkt am Seeufer.

Unterkunft

Hotels und Gasthöfe: Das Angebot ist in allen Preisklassen gut, aber in der Saison oft ausgebucht. Außerhalb der Hochsaison gibt es gute Pauschalangebote. Eine kleine Auswahl findet sich auf den Infoseiten – in diesen Kategorien:

Preiskategorien

€€€	Doppelzimmer	über 150 €
€€	Doppelzimmer	100–150 €
€	Doppelzimmer	unter 100 €

Urlaub auf dem Bauernhof: Am Bodensee gibt es zahlreiche Angebote. Informationen auf www.bodenseeurlaub.de, www.bauernhofur laub.de, www.bodenseeferien.de oder bei den örtlichen Tourismusbüros.

Camping: Es gibt zahlreiche Campingplätze direkt am See. Eine Übersicht findet man auf www.bodenseeferien.de und www.pincamp.de.

Jugendherbergen: Konstanz (Zur Allmannshöhe 16, D-78464 Konstanz, Tel. 0049 7531 3 22 60, http://konstanz.jugendherberge.de), **Überlingen** (Alte Nußdorfer Str. 26, D-88662 Überlingen, Tel. 0049 7551 42 04, http://ueber lingen.jugendherberge.de), **Friedrichshafen** (Lindauer Str. 3, D-88046 Friedrichshafen, Tel. 0049 7541 7 24 04, http://friedrichshafen.ju gendherberge.de), **Lindau** (Herbergsweg 11, D-88131 Lindau, Tel. 0049 8382 9 67 10, http://lindau.jugendherberge.de), **Bregenz** (Mehrerauerstr. 5, A-6900 Bregenz, Tel. 0043 5 708 35 40, www.jufa.eu/bregenz), **Hard** (Allmend-str. 87, A-6971 Hard, Tel. 0043 55 7 47 34 35, www.jungeshotel-hard.at), **Rorschach** (Churerstr. 4, CH-9400 Rorschach, Tel. 0041 71 8 44 97 12, www.herberge-rorschach.ch), **Romanshorn** (Gottfried-Keller-Str. 6, CH-8590 Romanshorn, Tel. 0041 58 3 46 84 00, www. youthhostel.ch/romanshorn), **Steckborn** (Seestr. 188, CH-8266 Steckborn, Tel. 0041 58 3 46 20 87, www.strandbad-steckborn.ch) und **Schaan-Vaduz** (Under Rüttigass 6, FL-9494 Schaan, Tel. 00423 2 32 50 22, www.youth hostel.ch/de/hostels/schaan-vaduz).

Info

Geschichte

8000 v. Chr.: Nachdem die Region lange vom Rheingletscher bedeckt war, kommen zwischen 8000 und 5500 v. Chr. mittelsteinzeitliche Jäger und Sammler hierher, siedeln aber nicht.

3000 v. Chr.: Die ersten Pfahlbauten entstehen. 700 v. Chr. besiedeln die Bewohner der Pfahlbauten langsam auch das Landesinnere.

800 v. Chr.: Kelten kommen an den See und errichten stadtähnliche Anlagen.

50 v. Chr.: Im ersten vorchristlichen Jahrhundert erobern die Römer das Bodenseegebiet. Sie nennen den See Lacus Brigantinus. Ihre wichtigste Siedlung ist Bregenz (Brigantium).

3. Jh.: Alemannen besiedeln zuerst das Nord-, später auch das Südufer. Die Römer ziehen sich auf die Rheingrenze zurück, bis sie um 400 die Gebiete nördlich der Alpen aufgeben.

Ab 610: Wandermönche christianisieren die alemannische Bevölkerung und gründen Klöster. Konstanz wird Bischofssitz.

Ab 746: Die fränkischen Karolinger sind die neuen Herrscher am Bodensee. Sie gründen die Pfalz Bodema, woraus sich der deutsche Name Bodensee entwickelt.

1273: Der Habsburger Rudolf I. wird deutscher König. Unter den Habsburgern werden Städte wie Meersburg, Arbon, Schaffhausen und Bregenz ausgebaut.

1414–1418: Das Konstanzer Konzil bringt rund 50 000 Menschen aus ganz Europa in die Stadt. Es gelingt, die Spaltung der Kirche, die zu dieser Zeit drei Päpste hat, zu verhindern und 1417 Martin V. zum alleinigen Papst zu wählen.

1499: Die Eidgenossen gewinnen an Macht. Der deutsche Kaiser Maximilian I. muss im Frieden zu Basel deren Selbstständigkeit anerkennen. Die Grenze zwischen Deutschland und der Schweiz wird festgelegt.

1521: Die Reformation erreicht den See. Konstanz schließt sich der Bewegung an. Schaffhausen und St. Gallen nehmen den Glauben Zwinglis an. 1547 wird Konstanz erneut katholisiert.

1618–1648: Der Dreißigjährige Krieg bringt Verwüstung und Armut. Im Westfälischen Frieden von 1648 wird die im Krieg neutral gebliebene Schweiz als souveräner Staat anerkannt.

Nach 1648: Der Wiederaufbau beginnt. Es entstehen barocke Schlösser und Kirchen.

1803: Der Reichsdeputationshauptschluss bewirkt die Auflösung der geistlichen Fürstentümer und Klöster.

1806: Napoleon ordnet Europa neu und legt die Staatsgrenzen Badens, Württembergs und Bayerns fest.

1824: Das erste Dampfschiff auf dem Bodensee, die „Wilhelm", nimmt den Betrieb auf.

1848: Friedrich Hecker ruft auf dem Konstanzer Stephansplatz die Deutsche Republik aus. Die Revolution wird 1849 niedergeschlagen, die Revolutionäre flüchten in die Schweiz.

1900: Am 2. Juli schwebt der erste Zeppelin über Friedrichshafen.

1914–1918: Die Zeppelinwerke bauen Luftschiffe für den Einsatz im Ersten Weltkrieg.

1943/1944: Als einzige Stadt am Bodensee wird Friedrichshafen wegen der dortigen Rüstungsindustrie bombardiert und stark zerstört.

Nach 1945: Langsam entwickelt sich wieder Tourismus am See, der in der zweiten Hälfte des 19. Jh. seinen Anfang genommen hat.

1963: Eine seltene Seegfrörne tritt ein.

1972: Gründung der Internationalen Bodenseekonferenz, in der die Länder zusammenarbeiten, die an den See grenzen.

1997: Der Zeppelin NT (Neue Technologie) startet zu seinem Jungfernflug.

2002: Bei der Flugzeugkollision von Überlingen stößt eine russische Passagiermaschine mit einem Frachtflugzeug zusammen.

2019: Konstanz ruft den Klimanotstand aus. Diese Entscheidung könnte die Fortführung des Seenachtfestes in Frage stellen.

2021: In Überlingen findet die erste Landesgartenschau am Bodensee statt.

Familienidylle im Laternsertal

JUFA Hotel Laterns – Klangholzhus***

- 47 Zimmer (DU/WC, TV)
- Sonnenterrasse mit Blick in die Bergwelt
- Indoor-Spiel- und Kletterwelt
- Seminarraum
- Sauna- und Relaxbereich
- Skikeller mit Skischuhheizung
- direkt beim Ski- und Wandergebiet Laterns-Gapfohl (27 Pistenkilometer)

I n einem Seitental des Rheintals, nur 20 min von Feldkirch entfernt, ist das heimelige Laternsertal ein kaum entdeckter Geheimtipp und perfektes Freizeit- und Wandergebiet für die ganze Familie.

Und das zu Recht: In Laterns, auf rund 1.000 Metern Seehöhe, beginnt das Erlebnis für kleine und große Wandersleute bereits bei der Talstation der 4er-Sesselbahn Gapfohl. Der Funpark mit Sommerrodelbahn, Kinderseilbahn, Kletterturm und Trampolinanlage könnte den Start zur Wanderung ein wenig verzögern. Sich loszureißen lohnt sich allemal – denn durch idyllische Wälder und Wiesen geht es von hier aus auf die umliegenden Almen, zum Beispiel auf die Alpe Gapfohl, wo die beliebte Falba Stuba zur Einkehr lockt.

Auf der sonnigen Panoramaterrasse schmecken die regionalen Spezialitäten köstlich, während die Kinder den Abenteuerspielplatz Tipiwelt erkunden. Dort treffen sich Indianer und Cowgirls in friedlicher Mission im Riesentipi und am Planenwagen. Beim Ponyreiten an den Wochenenden finden kleine Pferdefans ihr Glück.

Das Laternsertal im Winter

Wie praktisch, dass sich das neue JUFA Hotel Laterns – Klangholzhus*** direkt neben der Talstation der 4er-Sesselbahn Gapfohl befindet. So haben es kleine Schneeflöhe und große Wintersportfans im Winter garnicht weit, um ins Skivergnügen zu starten. Abseits der Piste ist die Region ein Paradies für Skitourengeher und Schneeschuhwanderer.

Neues Hotel seit Frühjahr 2021

Seinen Beinamen verdankt das Hotel übrigens einer Besonderheit der Region: Das von hier stammende Klangholz ist weit über die österreichischen Grenzen bekannt und wird weltweit zum Instrumentenbau eingesetzt.

jufahotels.com/laterns

JUFA® HOTELS

REGISTER

Fette Ziffern verweisen auf
Seiten mit Abbildungen.

A

Affenberg Salem **32,** 42
Allensbach 97, 103, 113
Alplochschlucht **74**
Altenrhein 91
Arbon **92**
Arenenberg, Schloss 55, 111

B

Birnau 31, **32, 33,** 42, **54**
Bodman-Ludwigshafen **30,** 31
Bodman, Schloss 29
Bregenz **23,** 55, **60/61, 62, 63,** 65,
73

C

Campus Galli **31,** 42

D

Dornbirn 55, 67, **74**

E

Egnach **84**
Engen 103, **104**
Eriskirch **48, 49,** 51, 58

F

Fe dkirch **65,** 67, **74**
Fischbach 51
Frenkenbach 57
Friedrichshafen 22, **46, 47, 54, 57,**
58, 79
Fußacher Bucht **14/15, 73**

G

Gaienhofen 103, 112
Gais **20/21, 78**
Gebhardsweiler 43
Girsberg, Schloss 93
Gnadensee 97
Goldbach **30, 42**
Gottlieben 111

H

Hagenwil, Schloss **78**
Hagnau 23, 51
Hard 75
Hegau 103, **104, 105**
Hegne, Kloster 103, **108, 109,** 113
Heiden **76/77,** 85, 91
Helmsdorf, Schloss 57
Hersberg, Schloss 57
Hohenhewen, Berg **104**
Hohentwiel, Berg 103, **112**
Höri, Halbinsel 23, 101, 103, 112

I

Immenstaad **48,** 49, 51, 57

K

Karren, Berg **55**

Kirchberg, Schloss 57
Konstanz **23,** 43, 55, 79, 93, **96, 97,**
98, 99, 103, **111**
Kressbronn **48, 50,** 51
Kreuzlingen 92, 93

L

Langenargen 58
Langenstein, Schloss **105**
Laufen, Schloss **106**
Liechtenstein, Fürstentum **67, 68,**
69, 75
Lindau **12/13, 44/45, 50,** 51, **52,**
53, **58,** 59, 115, **116**

M

Mägdeberg, Berg **105**
Mainau, Insel 22, **26, 27, 36, 37,**
38, 39, 42
Malbun **69**
Manzell 47, 49
Marienschlucht 41
Markelfingen 93
Meersburg **8/9, 10/11,** 23, 29, **31,**
34, 35, 42, 43, 54, 103, **114, 117**
Meßkirch 31, 42
Mettnau, Halbinsel 97
Mittelzell **113**
Moos **22,** 101, 107
Munot, Festung **107**
Münsterlingen 93

N

Niederzell 113
Nonnenhorn 51, 53, 59, 115

O

Oberreitnau **48**
Oberzell 113

P

Pfänder, Berg **55, 64,** 65, 74

R

Radolfzell **102, 103,** 107, 113
Rappenlochschlucht **64,** 74
Reichenau, Insel **22,** 83, 97, **100,**
101, 102, 109, 111, **113**
Rheindelta **75**
Rheinfall **106, 107, 112**
Rheinsee 97
Roggwil 92
Romanshorn **92**
Rorschach 79, **85,** 91

S

Salem 29, **33,** 35, 42, 109, **114**
Salenstein 55
Säntis, Berg **18/19,** 55, **80, 81,** 91
Schaffhausen 107, 112
Schwägalpe 55
Singen 103, 112
Sipplingen **41,** 42
Stein am Rhein **106,** 107, 112

St. Gallen **16/17,** 31, 81, **82, 83, 85,**
91, 92, 109
Stockach 42

T

Tettnang 49, **58**

U

Überlingen **28, 29,** 31, 35, **41, 43**
Uhldingen-Mühlhofen 42, 43, 54, 114
Unteruhldingen **24/25,** 35, 43

V

Vaduz **66, 67,** 69

W

Wasserburg am Bodensee 51, 53,
58, 59, 115
Wollmatinger Ried 97, **100,** 112

Z

Zeller See 97

Impressum

4. Auflage 2021
© DuMont Reiseverlag, Ostfildern

Verlag: DuMont Reiseverlag, Postfach 3151, 73751 Ostfildern, Tel. 0711/45 02-0,
Fax 0711/4502-135, www.dumontreise.de
Geschäftsführer: Dr. Stephanie Mair-Huydts, Markus Schneider
Programmleitung: Birgit Borowski
Redaktion: Olaf Rappold (red.sign GbR, Stuttgart)
Text: Cornelia Tomaschko, Ettlingen
Exklusiv-Fotografie: Johann Scheibner, Berlin
Titelbild: Reinhard Schmid/HUBER IMAGES (Fischersteg in Bregenz)
Zusätzliches Fotomaterial: S. 3 C. Tomaschko, 8/9 huber-images/Reinhard
Schmid, 14/15 Lookphotos/Rainer Mirau, 22 u.l. mauritius images/Alamy/
Zoonar, 22 u. r. laif/Raach, 23 o. l. DuMont Bildarchiv/Rainer Kiedrowski, 23 u. Udo
Mittelberger, 31 u. Karolingische Klosterstadt Campus Galli, 54 u.l. mauritius
images/Westend61/Holger Spiering, 54 u. r. Lookphotos/age fotostock, 55 o.l
Pfänderbahn AG, 55 o. r. Dornbirner Seilbahn GmbH, 55 u. Lookphotos/age
fotostock, 57 r. u. und 58 l. DuMont Bildarchiv/Rainer Kiedrowski, 58 r. o. DuMont
Bildarchiv/Katja Kreder, 59 l. Shutterstock/Halfpoint, 59 r. Shutterstock/Klem
Mitch, 60/61 huber-images/Christian Bäck, 85 Horst Antes, Vier Figuren, 1989-
1991, Sammlung Würth, Inv. 11500 © 2020, ProLitteris, Zürich, 92 l., 92 r.o. und
112 r. DuMont Bildarchiv/Rainer Kiedrowski, 113 picture-alliance/robertharding/
Markus Lange, 114 u.l. Weingut Markgraf von Baden, 114 u. r. Lookphotos/
TerraVista, 115 o.l. Falk von Traubenberg, 115 o. r. Weingut Schmidt am Bodensee,
115 u. Branchenverband Thurgau Wein, 116 DuMont Bildarchiv/Katja Kreder,
124 l. laif/Peter Rigaud, 124 r. mauritius images/Ernst Wrba, 125 o. l. und M. huber-
images/Reinhard Schmid, 125 o. r. laif/Dagmar Schwelle, 125 u. mauritius images/
Alamy/Sergej Nazarov
Grafische Konzeption, Art Direktion: fpm factor product münchen
Cover Gestaltung, Layout: CYCLUS · Visuelle Kommunikation, Stuttgart
Kartografie: © MAIRDUMONT GmbH & Co. KG, Ostfildern
Kartografie Lawall (Karten für „Unsere Favoriten")
DuMont Bildarchiv: Marco-Polo-Straße 1, 73760 Ostfildern, Tel. 0711/4502-0,
bildarchiv@mairdumont.com

Für die Richtigkeit der in diesem DuMont Bildatlas angegebenen Daten –
Adressen, Öffnungszeiten, Telefonnummern usw. – kann der Verlag keine Garantie
übernehmen. Nachdruck, auch auszugsweise, nur mit vorheriger Genehmigung
des Verlages. Erscheinungsweise: jeden zweiten Monat.

Anzeigenvermarktung: MAIRDUMONT MEDIA, Tel. 0711 450 2-0,
Fax 0711 45 02 10 12, media@mairdumont.com, http://media.mairdumont.com
Vertrieb Zeitschriftenhandel: PARTNER Medienservices GmbH, Postfach
810420, 70521 Stuttgart, Tel. 0711 72 52-212, Fax 0711 72 52-320
Vertrieb Abonnement: Leserservice DuMont Bildatlas, Zenit
Pressevertrieb GmbH, Postfach 810640, 70523 Stuttgart,
Tel. 0711 7252-265, Fax 0711 7252-333,
dumontreise@zenit-presse.de
Vertrieb Buchhandel und Einzelhefte: MAIRDUMONT
GmbH & Co. KG, Marco-Polo-Straße 1, 73760 Ostfildern,
Tel. 0711 45 02 0, Fax 0711 45 02 340
Reproduktionen: PPP Pre Print Partner GmbH & Co. KG, Köln
Druck und buchbinderische Verarbeitung:
NEEF + STUMME GmbH, Wittingen
Printed in Germany

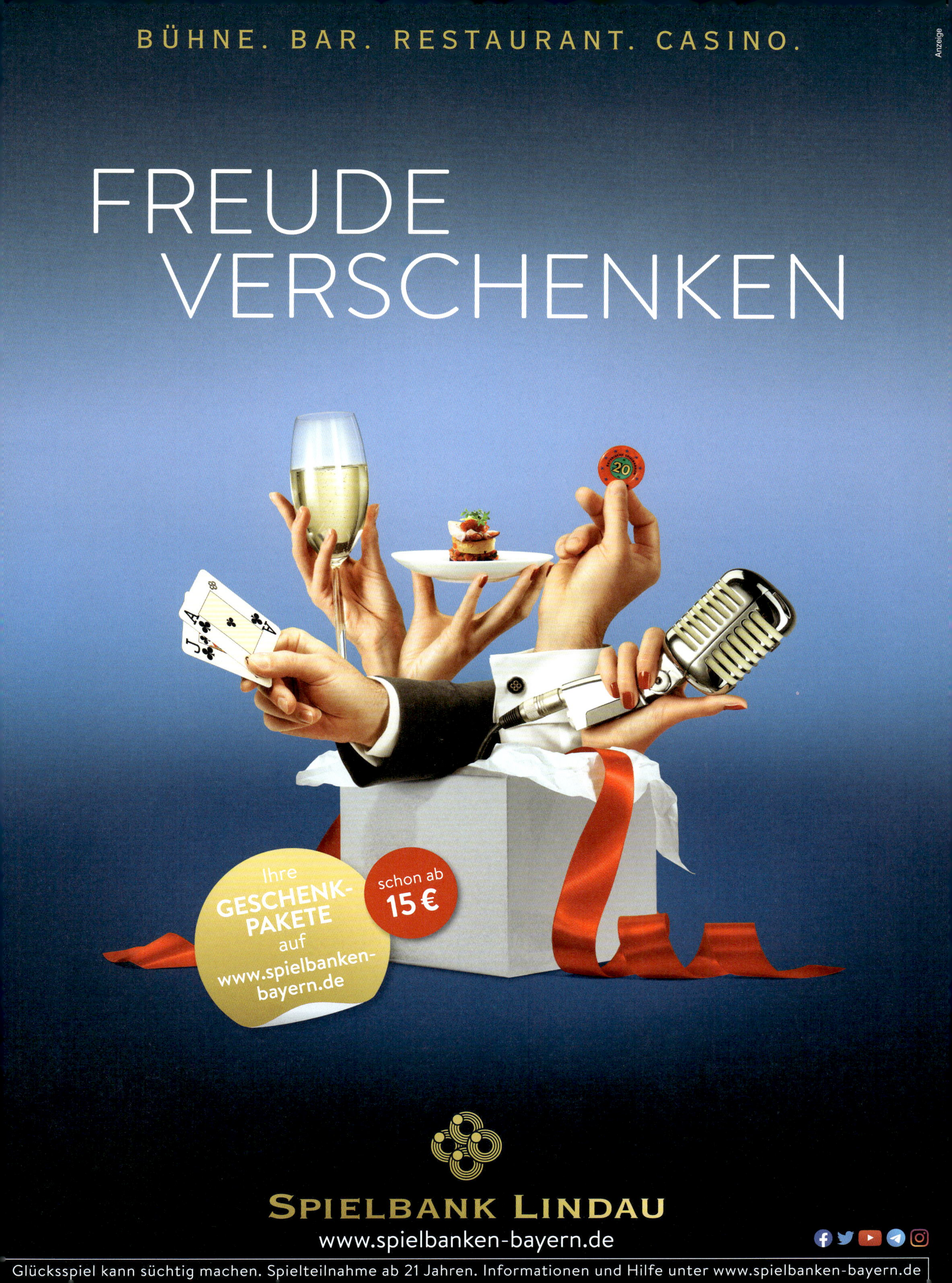
Anzeige
BÜHNE. BAR. RESTAURANT. CASINO.
FREUDE VERSCHENKEN
Ihre GESCHENK-PAKETE auf www.spielbanken-bayern.de
schon ab 15 €
SPIELBANK LINDAU
www.spielbanken-bayern.de
Glücksspiel kann süchtig machen. Spielteilnahme ab 21 Jahren. Informationen und Hilfe unter www.spielbanken-bayern.de

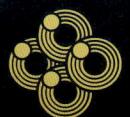

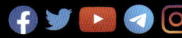

Urlaub erinnern...

Jeder Urlaub geht einmal zu Ende – was bleibt, sind die Mitbringsel, aber auch die Erinnerungen an Land und Leute, an Aromen und Düfte und an manche Kuriosität.

VOGELGEZWITSCHER

Wenn ich in einem Vogelschutzgebiet wie auf der Halbinsel Mettnau unterwegs bin, wächst mein Interesse an der Natur mit jedem Schritt, den ich mache. Alles ist spannend, macht neugierig auf mehr. Und zu Hause? Alles genauso spannend, wenn ich mir die Zeit dafür nehme. Übrigens gibt es vogelkundliche Wanderungen auch in Städten und nicht nur in den frühen Morgenstunden.

RAUS AUS DER KOMFORTZONE

Es hat mich schon Überwindung gekostet, über die Karren-Kante hinauszugehen. Natürlich signalisierte mir der zwölf Meter lange Steg festen Boden unter den Füßen, aber die Glasumrandung flüsterte mir zugleich ein: Du stehst in der Luft. Tief durchatmen hilft bei so etwas immer und siehe da, mein Blick flog über die Schweizer Berge, das Rheintal und den Bodensee. Manchmal beschenkt man sich, wenn man seine Komfortzone ein wenig verlässt. Probieren Sie es!

SEE-WEIN

Mit einem Fläschchen Wein kann ich meinem Mann immer eine Freude machen, vor allem mit französischen oder spanischen Rotweinen. Vom Bodensee habe ich ihm einen Merlot und einen Malbec aus dem Schaffhauser Blauburgunderland mitgebracht und einen Spätburgunder vom Markgrafen von Baden. Jetzt will er sich weiter durch die Weinregion Bodensee vorkosten.

HERZENSRAUM

Solides Handwerk in modernen Formen begeistert mich. Der Werkraum Bregenzerwald in Andelsbuch bietet mir da Einiges. Schon das Gebäude von Peter Zumthor öffnet mir das Herz. Wenn ich dann zu Hause mein Gemüse auf einem dort gekauften Schreiner-Holzbrett schneide, träume ich mich immer wieder in den Bregenzerwald zurück.

GENUSS FÜR ZU HAUSE

Auch wenn der Salat vom regionalen Markt kommt und nicht von der Reichenau, ist Simon Metzlers Hausdressing eine schnelle und leckere Zutat zur gesunden Küche. Der Koch vom „Bürgerbräu" in Überlingen ist mit viel Freude und Können am Werk. Mit den Produkten aus seiner Manufaktur kann man sich ein wenig Bodensee-Genuss nach Hause holen (simons-manufaktur.de)

SONNENGRUSS

Ich bin keine überzeugte Frühaufsteherin. Aber manchmal muss es einfach sein, dass ich mich frühmorgens auf den Weg mache, und dann ist es meist wunderschön. Unvergesslich, wie an einem kalten Vor-Frühlingstag die Sonne über dem Bodensee aufgeht. Seitdem gönne ich mir dieses Spektakel der aufgehenden Sonne wo immer ich bin, auch zu Hause.

»WENN ICH DEN SEE SEH', BRAUCH' ICH KEIN MEER MEHR.«

Zitat auf einem Bodensee-T-Shirt

GROTTEN-TIEFSCHLAF

Salzgrotten haben auf mich eine unwiderstehliche Anziehungskraft und einen tiefen Erholungseffekt. Kaum sitze ich in meinem Liegestuhl, schon klappen die Augenlider zu. Zum Glück hat mich noch nie jemand in einer Grotte vergessen. Von der Salzgrotte in Lindau und der Bodensee-Therme in Meersburg nehme ich mir gern ein paar Salzprodukte fürs Badezimmer daheim mit.

ZWIEBELEI

Die Höri Bülle ist nur eine Zwiebel und doch ist sie viel mehr als nur ein Gemüse. Sie bestimmt das Leben auf der Höri und wer kann, sollte unbedingt am ersten Sonntag im Oktober zum Büllefest auf die Halbinsel fahren. Wer da gerade keine Zeit hat oder sich vorbereiten will, findet im Buch „Die Höri Bülle" alles über diese besondere Zwiebel, außerdem Geschichten, Rezepte und Bezugsquellen (bei Diana Duventäster-Maier im Versand, s. S. 101).

AUF DEM WASSER STEHEN

Wenn ich das nächste Mal am See sein werde – und es nicht gerade Winter ist –, werde ich endlich einen Stand-Up-Paddling-Kurs bei der Surfschule in Überlingen buchen. Auf dem Wasser stehen und mit einem hölzernen Paddel in aller Ruhe vorwärtstreiben. So stelle ich mir Erholung vor. Und wenn ich dann mein Gleichgewicht gefunden habe, wage ich mich vielleicht sogar bei SUPer Bodensee in Allensbach an einen Yogakurs auf dem Brett.

BLÜHENDE ERINNERUNG

Natürlich braucht es mehr als Zwiebeln aus gutem Hause, damit Tulpen und Co. im heimischen Garten ihre Pracht entfalten. Aber meine Erfahrung sagt, dass qualitätsvolle Zwiebeln schon mal ein guter Anfang sind. Deshalb bringe ich mir gern welche von der Insel Mainau mit – für unseren Garten oder als Geschenk.

FRANKREICH SÜDWESTEN OKZITANIEN

Eine faszinierende Vielfalt zeichnet die südfranzösische Region zwischen der Rhone und der Grenze zu Spanien aus mit nahezu unberührten Landschaften wie den Cevennen und tollen Städten wie Toulouse und Montpellier.

Die schönsten Bastiden
Kennen Sie Aigues-Mortes, Mirepoix oder Najac? Nein? Müssen Sie kennenlernen. Es sind mittelalterliche Städtchen von unglaublichem Reiz.

www.dumontreise.de

NORDSEEKÜSTE SCHLESWIG-HOLSTEIN

Platt ist das Land
In Dithmarschen, auf der Eiderstedter Halbinsel, in Nordfriesland, auf Sylt, Amrum und Föhr, auf Pellworm, Nordstrand und natürlich auf den Halligen.

Genussmomente am Meer
Ein kaltes Bier mit den Füßen im warmen Sand, deftiger Pannfisch in den Dünen, ein Cocktail zum Sunset am Kliff – die schönsten Locations für Genussmomente.

LIEFERBARE AUSGABEN

DEUTSCHLAND
207 Allgäu
216 Altmühltal
220 Bayerischer Wald
180 Berlin
162 Bodensee
217 Brandenburg
175 Chiemgau, Berchtesg. Land
013 Dresden, Sächsische Schweiz
152 Eifel, Aachen
157 Elbe und Weser, Bremen
168 Franken
020 Frankfurt, Rhein-Main
112 Freiburg, Basel, Colmar
028 Hamburg
026 Hannover zw. Harz und Heide
042 Harz
023 Leipzig, Halle, Magdeburg
210 Lüneburger Heide
188 Mecklenburgische Seen
038 Mecklenburg-Vorpommern
033 Mosel
190 München
047 Münsterland
223 Nordseeküste Schleswig-Holstein

006 Oberbayern
161 Odenwald, Heidelberg
035 Osnabrücker Land, Emsland
002 Ostfriesland, Oldenburger Land
164 Ostseeküste Mecklenburg-Vorpommern
154 Ostseeküste Schleswig-Holstein
201 Pfalz
040 Rhein zw. Köln und Mainz
185 Rhön
186 Rügen, Usedom, Hiddensee
206 Ruhrgebiet
149 Saarland
182 Sachsen
159 Schwarzwald Norden
045 Schwarzwald Süden
018 Spreewald, Lausitz
008 Stuttgart, Schwäbische Alb
141 Sylt, Amrum, Föhr
204 Teutoburger Wald
170 Thüringen
037 Weserbergland
173 Wiesbaden, Rheingau

BENELUX
156 Amsterdam

011 Flandern, Brüssel
179 Niederlande

FRANKREICH
177 Bretagne
021 Côte d'Azur
032 Elsass
228 Frankreich Südwesten Okzitanien
019 Korsika
213 Normandie
001 Paris
198 Provence

GROSSBRITANNIEN/ IRLAND
187 Irland
202 London
189 Schottland
227 Südengland

ITALIEN/MALTA/ KROATIEN
181 Apulien, Kalabrien
211 Gardasee
222 Golf von Neapel, Kampanien
163 Istrien, Kvarner Bucht
215 Italien, Norden
005 Kroatische Adriaküste
167 Malta
155 Oberitalienische Seen

158 Piemont, Turin
014 Rom
165 Sardinien
003 Sizilien
203 Südtirol
039 Toskana
091 Venedig, Venetien

GRIECHENLAND/ ZYPERN/ TÜRKEI
034 Istanbul
016 Kreta
176 Türkische Südküste, Antalya
229 Zypern

MITTEL- UND OSTEUROPA
104 Baltikum
208 Danzig, Ostsee, Masuren
169 Krakau, Breslau, Polen Süden
044 Prag
193 St. Petersburg

ÖSTERREICH/ SCHWEIZ
192 Kärnten
004 Salzburger Land
196 Schweiz
226 Tirol
197 Wien

SPANIEN/PORTUGAL
043 Algarve

214 Andalusien
150 Barcelona
025 Gran Canaria, Fuerteventura, Lanzarote
172 Kanarische Inseln
199 Lissabon
209 Madeira
174 Mallorca
225 Porto, Nordportugal
007 Spanien Norden, Jakobsweg
219 Teneriffa, La Palma, La Gomera, El Hierro

SKANDINAVIEN/ NORDEUROPA
166 Dänemark
212 Finnland
153 Hurtigruten
029 Island
200 Norwegen Norden
178 Norwegen Süden
151 Schweden Süden, Stockholm

LÄNDERÜBERGREIFENDE BÄNDE
224 Donau – Von der Quelle bis zur Mündung
112 Freiburg, Basel, Colmar
221 Kreuzfahrt in der Ostsee

AUSSEREUROPÄISCHE ZIELE
183 Australien Osten, Sydney
109 Australien Süden, Westen
218 Bali, Lombok
195 Costa Rica
024 Dubai, Abu Dhabi, VAE
160 Florida
036 Indien
205 Iran
027 Israel, Palästina
111 Kalifornien
031 Kanada Osten
191 Kanada Westen
171 Kuba
022 Namibia
194 Neuseeland
041 New York
184 Sri Lanka
048 Südafrika
012 Thailand
046 Vietnam